KOSCHIES | SUR**FACES**

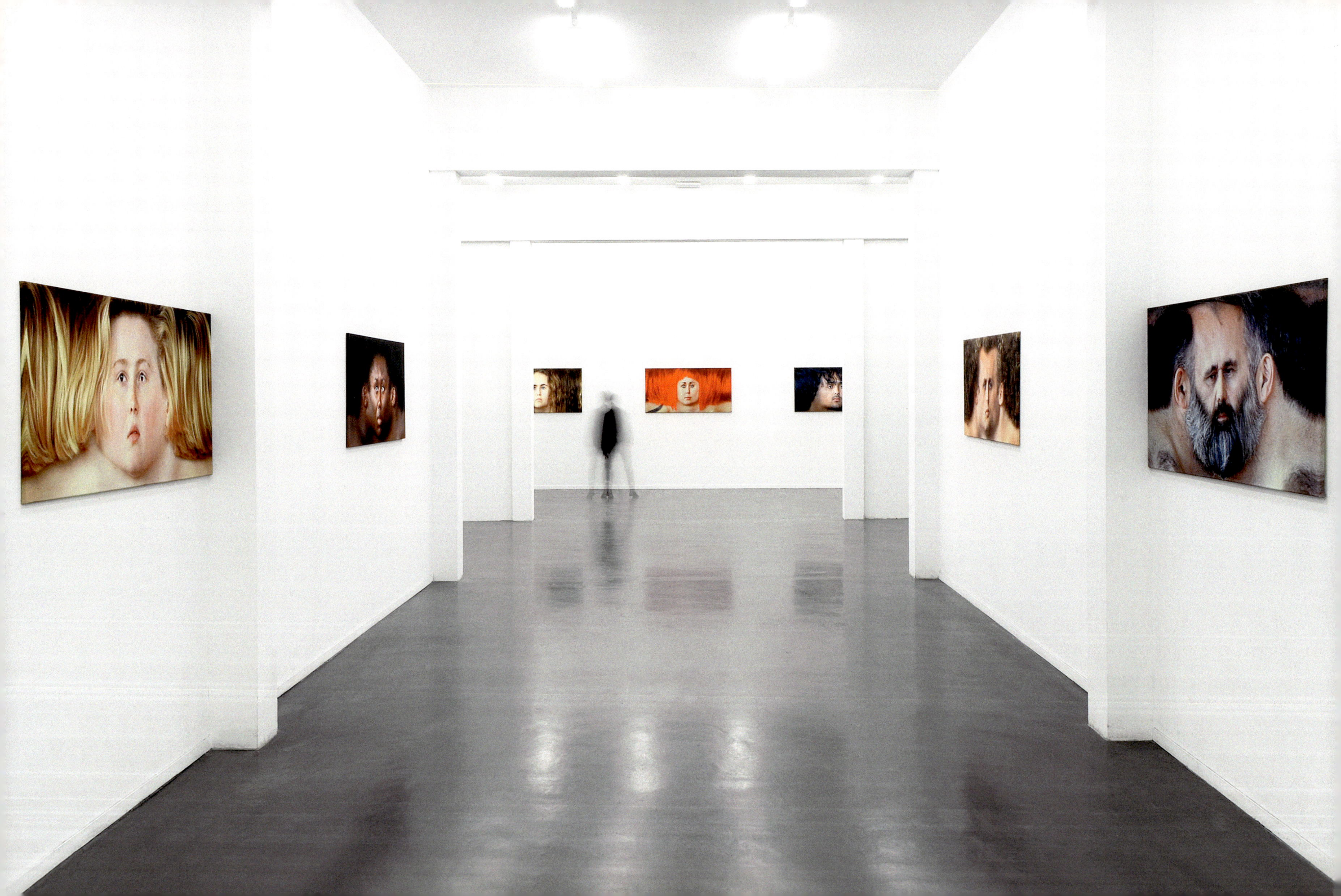

Klaus Honnef

Christoph Tannert

Sigrid Weigel

KOSCHIES | SUR**FACES**

Deutscher
Kunstverlag

Aus einem Augenblick lässt
sich kein Gesicht beurteilen,
es muss eine Folge da sein.

Georg Christoph Lichtenberg

No face can be judged
from a single moment,
there has to be a sequence.

Georg Christoph Lichtenberg

INHALT

CONTENTS

BLAUE BLUME IM LAND DER TECHNIK

Der magische Kamerablick der Koschies auf das menschliche Gesicht

Sigrid Weigel

Als Erstes springen die Haare ins Auge. Manche Gesichter verschwinden nahezu in der Fülle der Haarpracht, andere sind umrahmt wie von einem Vorhang oder vom Goldenen Vlies.

Eine andere Natur

Wenn ein Wunsch in Erfüllung geht, ist das Ergebnis manchmal wahrhaft überwältigend – oder auch bestürzend. In den *Surfaces*-Porträts der Koschies, in denen der Wunsch wahr wird, sich selbst zu gleicher Zeit von hinten und von vorn sehen zu können, blickt man einem gänzlich verfremdeten *Selbst* ins Gesicht. Denn wir sind gewohnt, das Bild einer Person, sei es die eigene oder eine andere, mit dem Porträt gleichzusetzen, wie es auf Gemälden oder Fotografien zu sehen ist: als *en face*, eine Vorderansicht wie im Passfoto, oder aber in leicht seitlich gedrehter Kopfhaltung, in der uns das abkonterfeite Gegenüber dennoch in die Augen blickt. Diese sogenannte *Dreiviertelansicht* wurde von den Malern der Renaissance erfunden, die erstmals den Anspruch verfolgten, ein getreues Abbild der individuellen Unverwechselbarkeit eines menschlichen Gesichts zu schaffen. Denn das ähnliche Porträt als Ausdruck der Persönlichkeit entstammt derselben Epoche wie die Idee der Individualität. Seither ist dieses *autonome Porträt* zur ebenso prägenden wie einprägsamen Bildformel des menschlichen Gesichts geworden – ungeachtet der Veränderungen von Stil oder Maltechnik sowie selbst der Entwicklung technischer Medien wie Fotografie und Film.

Das hat sich erst mit dem Format der Selfies geändert. Oft werden diese millionenfach geknipsten und in die Netzwelt versandten Bilder zwar mit konventionellen Selbstporträts verglichen. Doch anders als beim Selbstporträt

BLUE FLOWER IN THE LAND OF TECHNOLOGY

The Koschies' Magic Camera View onto the Human Face

Sigrid Weigel

The first thing catching one's eye is the hair. Some faces almost disappear in the abundance of hair, others are framed as if by a curtain or the Golden Fleece.

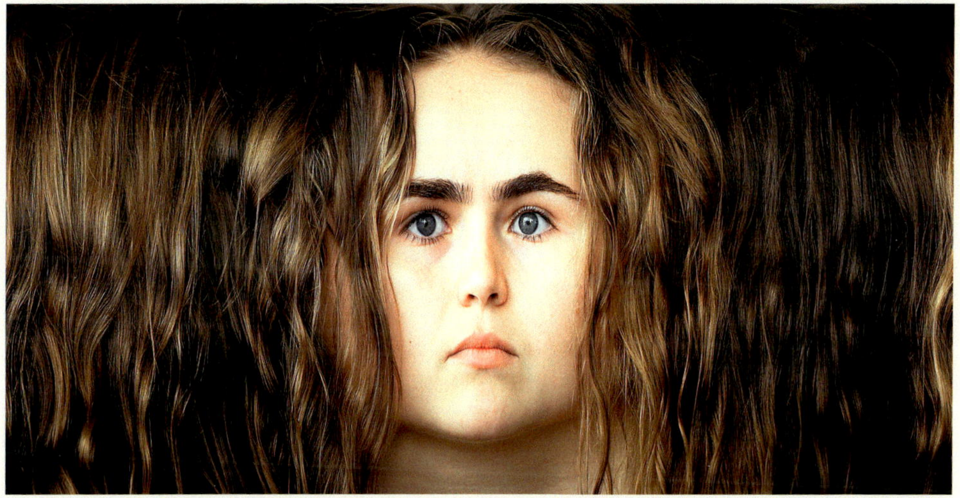

Koschies
DIE FASZINATION DES ZWEIFELS
2018

Another Nature

When a wish comes true, the result is sometimes downright overwhelming – or even disconcerting. In the Koschies' *Surfaces* portraits, which realize the wish to be able to see oneself from behind and from the front at the same time, one comes to look at a completely estranged *self*. For we are used to equating a person's image, be it our own or someone else's, with the portrait as it is seen in paintings or photographs: as an *en face* image, a front view as in a passport photo, or maybe with the head turned slightly sideways, but in such a way that the depicted counterpart still looks us in the eye. This so-called *three-quarter view* was invented by the painters of the Renaissance, who were the pioneers in aspiring to create a faithful image of the human face's individual distinctiveness. For the similar portrait as an expression of someone's personality originates from the same time period as the very idea of individuality. Ever since then, this *autonomous*

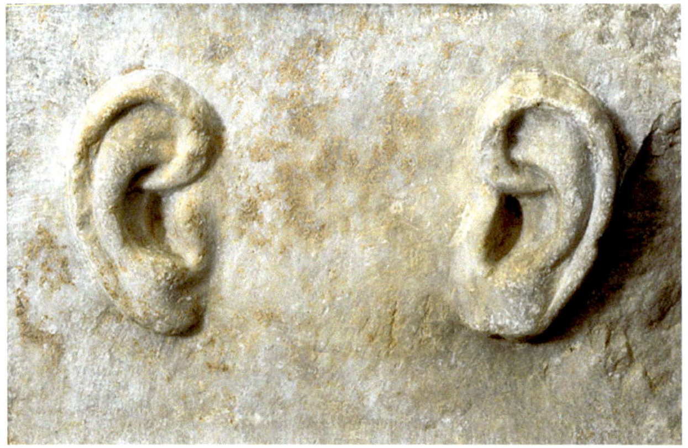

Marmor-Relief, Griechisch (4. Jh. v. Chr.) / Marble Relief, Greek (4th century BC), Museum für Kunst und Gewerbe, Hamburg

in der Malerei, dem das gleiche Szenario zugrunde liegt wie dem Porträt, nur dass das Spiegelbild hierbei den Ort des Modells einnimmt, besetzt beim Selfie das Kameraauge des Smartphones die Position des Gegenübers. Das bleibt nicht ohne Auswirkungen auf die Vorstellung von der menschlichen Natur. Denn „es ist ja eine andere Natur, welche zur Kamera als welche zum Auge spricht", wie Walter Benjamin schon 1931 für die Fotografie bemerkte. Ihm ging es um die Tatsache, dass sich mit den optischen Medien Fotografie und Film die Wahrnehmungsmöglichkeiten grundlegend verändert, ja erweitert haben. Mithilfe von Zeitlupe und Vergrößerung sieht der Mensch plötzlich von sich, seiner Physiognomie und seinen eigenen Bewegungen, was dem bloßen Auge unzugänglich ist, so „daß an die Stelle eines vom Bewußtsein durchwirkten Raums ein unbewußt durchwirkter tritt" – weshalb Benjamin vom *Optisch-Unbewußten* spricht.

Dass es eine andere Natur ist, welche zur Kamera als welche zum Auge spricht, gilt für die mit der Schlitzkamera hergestellte Fotografie des Gesichts in der Serie der *Surfaces* noch weit mehr. Sah Benjamin schon in der fotografischen Vergrößerung, weil darin aus unbelebten Dingen plötzlich physiognomische Aspekte in Erscheinung treten, ein Zusammenspiel von Technik und Magie am Werke, so wirken die *Surfaces* wie Bilder eines *magischen* Auges. Sie halten in einem Bild – einem AugenBlick gleich – fest, was sich in Echtzeit als Bewegung abspielt und vor dem Schlitzauge der Kamera nacheinander, in der Dimension der Zeit, abspult. Diesen Fotografien eignet tatsächlich etwas Magisches; sie zeigen Gesichter, wie sie nie gesehen wurden. Technisch hochgerüstet und archaisch zugleich. Wie auseinandergefaltete Köpfe, in denen das eigentliche Gesicht seltsam gedehnt und gestaucht zugleich erscheint. Ihre in die Breite entfaltete Oberfläche gibt einen Tiefblick frei: nicht in die Seele der fotografierten Personen, denn menschlichen Gesichtern haftet immer etwas Undurchdringliches an, aber in die Kultur- und Mediengeschichte der formatierten Ansichten vom Menschen.

Gesichter, wie auf eine Breitwand projiziert. Manche erinnern an die Gorgo- oder Dionysos-Masken auf griechischen Vasen. Bei den Gesichtern, die nicht von einer Haarpracht eingerahmt sind, tritt die perspektivisch verzerrte Physiognomie besonders hervor. Im Falle der Glatzköpfigen sind es die Ohren. Überhaupt die Ohren – bei allen Fotos, auf denen sie nicht im Haar verschwinden, sind sie vom Rand des uns zugewandten Gesichts, wo wir gewohnt sind sie zu sehen, weiter ins Zentrum des Bildes gerückt. Als wollten die *Surfaces* uns auffordern, den Gesichtern auch etwas abzulauschen, als wollten sie auch gehört oder gar erhört werden. Sie wecken Assoziationen mit antike Marmorreliefs, auf denen einzig ein Ohrenpaar aus dem Stein gehauen ist: Kultbilder, die dem Gott geweiht sind, von dem man hoffte, erhört zu werden.

portrait has become the defining and definitive pictorial formula of the human face – regardless of changes in style and painting technique and even of the development of technical media such as photography and film.

This only changed with the format of the selfie. These pictures, snapped millions of times and sent out into the net world, are often being compared with conventional self-portraits. However, whereas the self-portrait in painting is based on the same scenario as the portrait, except that the mirror image takes the place of the model, in the selfie the eye of the smartphone's camera occupies the position of the person opposite it. This is not without consequences for the idea of human nature. Because "it is another nature that speaks to the camera than to the eye", as Walter Benjamin noted on photography as early on as 1931. He was concerned with the optical media of photography and film having fundamentally changed and even expanded the possibilities of perception. With the help of slow motion and magnification, people suddenly see what is inaccessible to the naked eye, i.e. aspects of themselves, of their physiognomy and of their own movements, so that "a space interwoven with human consciousness is substituted by one interwoven with unconsciousness" – which is why Benjamin speaks of the *optical unconscious*.

The fact that the nature speaking to the camera differs from the one speaking to the eye holds even more true when we look at the photograph of the face in the *Surfaces* series which was taken with a time-slit camera. If Benjamin already recognized an interplay of technology and magic in the act of photographic enlargement, since we suddenly see physiognomic aspects appear from inanimate things in them, then the *Surfaces* seem like images of a *magic eye*. They capture in one image – like in a blink of an eye – what in real time takes place as movement and unwinds in succession, in the dimension of time, before the camera's slit-eye. There is indeed something magical about these photographs; they show faces as they have never been seen. Technically sophisticated and archaic at the same time. Like heads folded apart, in which the actual face appears strangely stretched and compressed simultaneously. Their broadly unfolded surface provides an in-depth view: not into the soul of the photographed persons, for there is always something inscrutable about human faces, but a glimpse into the cultural and medial history of formatted views of the human being.

Faces, as if projected onto a wide screen. Some are reminiscent of the Gorgo or Dionysus masks adorning Greek vases. In the faces that are not framed by the splendour of hair, the perspectively distorted physiognomy is particularly prominent. In the case of the bald, it is the ears that are most striking. And in general, the ears – in all the photos where they do not disappear in hair, they are moved from the edge of the face turned towards us,

Die Zeit wandert in das Bild

Die mit der Schlitzkamera erstellten 360-Grad-Porträts erfüllen aber nicht nur den Wunsch des Menschen, sich von allen Seiten zugleich zu sehen, sondern stellen sich auch als technische Wunscherfüllung zur Überwindung von prinzipiellen Darstellungsproblemen dar, die in der Kunst- und Bildgeschichte immer wieder verhandelt wurden: das Problem der Unvereinbarkeit von Raum und Zeit; die Bemühungen, dreidimensionale Objekte auf ein zweidimensionales Trägermedium zu bannen und schließlich die Versuche, Bewegung im Bild festzuhalten.

„Über die Grenzen der Malerei und der Poesie" untertitelte Lessing seinen berühmten Laokoon-Essay (1766), weil er darin die verschiedenen Möglichkeiten von Poesie und Malerei erörtert, um daraus eine zeichentheoretisch begründete Abgrenzung gegeneinander zu formulieren. Wo die Malerei ein *Nebeneinander* von Körpern mit sichtbaren Eigenschaften mithilfe von Figuren und Farben im Raum darstelle, artikuliere die Poesie Töne, die in der Zeit *aufeinander* folgen. Als „koexistierende Komposition" könne die Malerei, so Lessing weiter, „nur einen einzigen Augenblick" darstellen und müsse daher „den prägnantesten wählen, aus welchem das Vorhergehende und Folgende am begreiflichsten wird". Mit diesem transitorischen Augenblick, in dem sich Vor- und Nachgeschichte des im Bild sichtbaren Geschehens verdichten, holt die Malerei gleichsam die Dimension der Zeit in den Raum hinein. Die Absicht und das Problem, *Bewegung* im Bild darzustellen, begleiten die Geschichte der Malerei, seit sie den statischen Kultbildern der byzantinischen Ikonenmalerei entwachsen ist. Seit Maler wie Giotto begannen, ganze Szenen und Figurengruppen in einem Bildraum zu platzieren, der einer Bühne gleicht, auf der die Personen wie im Drama agieren, und seit andere Künstler nach ihm zu diesem Zwecke einen *perspektivisch gestalteten Bildraum* entwickelten, der dem Tafelbild die Illusion von Tiefe eröffnete, die Illusion einer dritten Dimension.

Die mit der Schlitzkamera hergestellten Fotografien präsentieren eine technisch-künstlerische Antwort auf alle drei Bildfragen zugleich. Die 360-Grad-Fotos wirken wie eine *Inversion des Panoramafotos*. Während bei diesem die Rundumsicht durch die Drehbewegung des Objektivs über den gesamten Drehwinkel belichtet und als perspektivisch verzerrte Gesamtansicht dargestellt wird, erscheinen die von den Koschies aufgenommenen Breitwand-Gesichter, als sei die Kamera um den Kopf gefahren.

Anders als beim Rundumblick mancher Vögel, die mit ihren beiden, seitlich platzierten Augen nahezu die gesamte, allerdings zweigeteilte Umgebung sehen, präsentieren die *Surfaces* ein synthetisches Bild vom Ganzen: wie ein Bild, das selbst in Bewegung versetzt und zugleich stillgestellt wurde. Die Fotografien der Schlitzkamera erzeugen einen gedehnten Raum, in dem die Zeit der Aufzeichnung buchstäblich aufgehoben ist. Sie bilden bewegte und

where we are used to seeing them, further to the centre of the picture. As if the *Surfaces* wanted to invite us to eavesdrop on them, as if they wanted to be heard or even listened to as well. They evoke associations with ancient marble reliefs in which only a pair of ears is carved out of the stone: cult images dedicated to the god from whom one hoped to be heard.

Time Wanders into the Image

The 360-degree portraits created with the time-slit camera do not only fulfil the human desire to see oneself from all angles at once, but they also act as a technical wish fulfilment for overcoming problems of representation that in the history of art and images have been negotiated time and again: the problem of the incompatibility of space and time; the efforts to record three-dimensional objects onto a two-dimensional carrier medium; and finally the attempts to capture movement in image.

Lessing subtitled his famous Laocoon essay (1766) "On the Limits of Painting and Poetry" since it discusses the different possibilities of poetry and painting to formulate a demarcation between them based on the theory of signs. Whereas painting depicts bodies with visible properties in *coexistence* through the use of figures and colours in space, poetry articulates sounds that *follow one another* in time. As a "coexisting composition", painting, Lessing continues, can represent "only a single moment" and must therefore choose "the most concise one, from which what precedes and what follows becomes most comprehensible." With this transitory moment, in which the pre-history and post-history of the events visible in the picture are condensed, painting, as it were, brings the dimension of time into the space. The intention as well as the problem of representing *movement* in the picture has accompanied the history of painting since it outgrew the static cult images of Byzantine icon painting. Ever since painters such as Giotto began to place entire scenes and groups of figures in a pictorial space resembling a stage on which the characters act as in a drama, and ever since subsequent artists developed a *pictorial space designed in perspective* for this purpose and thus opened up the illusion of depth to the panel painting, the illusion of a third dimension.

The photographs produced with the time-slit camera present a techno-artistic answer to all three pictorial questions at the same time. The 360-degree photos appear as an *inversion of the panorama photo.* While in the latter the panoramic view is exposed across the entire angle of rotation by the rotary movement of the lens and presented as a perspective-distorted overall view, when we look at the widescreen faces taken by the Koschies it seems as if the camera had moved around the head. Unlike the circular view of certain birds – which are able to virtually see the entire, albeit bifurcated, environment with their two,

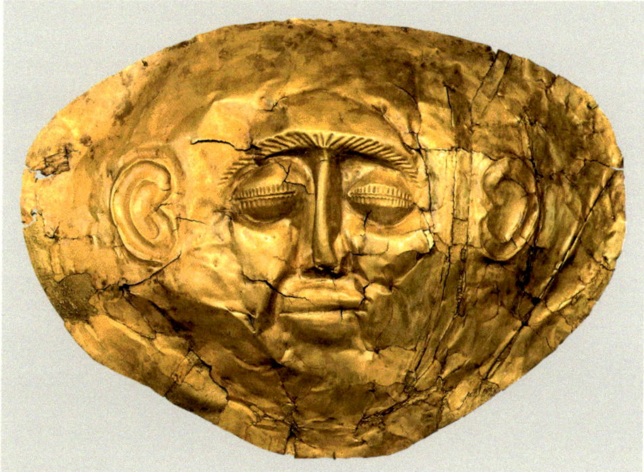

Mykenische Goldmaske (16. Jh. v. Chr.) / Mycenaean Gold Mask (16th century BC), National Archaeological Museum, Athens

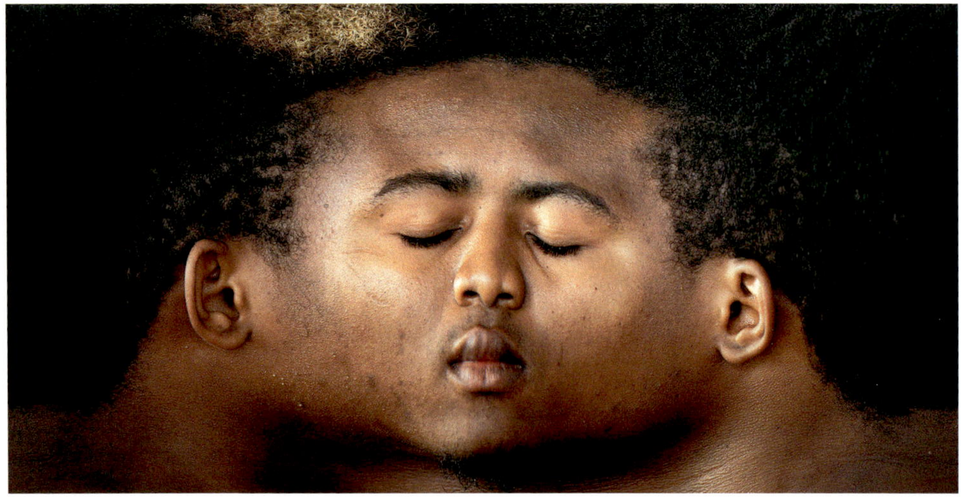

Koschies
THE ESSENCE OF MEMORY
2020

dreidimensionale Objekte ab, indem sie den dreidimensionalen Raum bei der Aufnahme verzeitlichen und, indem sie das Aufgezeichnete auf der zweidimensionalen Fläche auffalten, wieder verräumlichen. In Abwandlung von Benjamins Satz „[D]ie Geschichte wandert in den Schauplatz", heißt das hier: *Die Zeit wandert in das Bild.*

Einige Momente dieser Technik sind in der Chronofotografie vorweggenommen, die Étienne-Jules Marey und Eadweard Muybridge in den 1880/90er Jahren entwickelten. Die Erfindung der Fotografie an sich brachte noch keine technische Alternative zur Malerei. Mit der Zeitverkürzung von Belichtung und Kameraverschluss aber wurde es dann möglich, Bewegungsabläufe in einer Serie von Augenblicksaufnahmen abzubilden. Doch erst der Film, der aus dieser Idee geboren wurde, ist zum eigentlichen Medium bewegter Bilder geworden: Handlung und Bewegungen, die real in Zeit und Raum stattfinden, werden in der Kinematografie (wörtlich „Bewegungsschrift") durch die Abspulgeschwindigkeit von unzähligen Einzelaufnahmen erzeugt. Medientechnisch gesehen, sind die Fotografien der Schlitzkamera *umgekehrte Kinematografie*: ein einzelnes stehendes Bild, das mithilfe von Bewegung erzeugt wird, die vor der Kamera abläuft.

Die Dekonstruktion überlieferter Ansichten

Die Arbeiten der Koschies sind aber auch künstlerische Antworten auf eine Entwicklung, in der viele Künstler ansonsten auf den Wellen medientechnischer Fortschritte segeln. War mit dem Film das Problem der Abbildung von Zeit und Bewegung gelöst, scheint mit dem Eintritt der Bilder in den virtuellen Raum auch die Dreidimensionalität erobert. Und mit der Entwicklung immersiver Räume können die Betrachter ihre Position vor dem Bild verlassen und selbst in den virtuellen Bildraum eintreten. Fasziniert von solchen digitalen Möglichkeiten, nutzen viele Medienkünstler die jeweils neueste Technologie, mit dem Effekt, dass die Grenzen zwischen Kunst und *Social Media* mehr und mehr verschwimmen. Ganz anders die Fotografien des Künstlerpaares Koschies: Sie sind Ergebnisse einer *Rückverwandlung von Technik in Kunst.*

laterally placed eyes – the *Surfaces* present a synthetic image of the whole: like a picture that has been set in motion, while simultaneously being immobilised. The photographs of the time-slit camera create a stretched space in which the time of the recording is literally suspended. They depict moving and three-dimensional objects by temporalizing the three-dimensional space while being are taken, and, by unfolding what is recorded onto the two-dimensional surface, re-spatialize it. Varying Benjamin's phrase "history wanders into the scene", here it can be said: *Time wanders into the image.*

Some moments of this technique are anticipated in chronophotography, which Étienne-Jules Marey and Eadweard Muybridge developed in the 1880s/90s. The invention of photography in itself did not yet provide a technical alternative to painting. However, by shortening the time of exposure and camera shutter, it became possible to depict sequences of movement in a series of instantaneous shots. But it was film, born out of this idea, that became the actual medium of moving images: in cinematography (lit. "movement writing") action and movement taking place in actual time and space are created by the unwinding speed of countless individual shots. In media terms, the photographs of the time-slit camera are *reverse cinematography*: a single still image created by means of movement unwinding in front of the camera.

Deconstruction of Traditional Views

The Koschies' works are also artistic responses to a development in which many artists are otherwise surfing the waves of media-technological progress. If the problem of depicting time and movement has been solved with film, three-dimensionality seems to have been conquered by the entry of images into virtual space. And with the development of immersive spaces, viewers can leave their position in front of the image and enter the virtual image space themselves. Fascinated by such digital possibilities, many media artists use the latest technology, with the effect that the boundaries between art and *social media* are becoming ever more blurred.

The photographs of the artist couple Koschies are entirely different; they are the results of a *re-transformation of technology into art.* Products of a technically elaborate production, they nevertheless appear as apparatus-free images – like the "blue flower in the land of technology" that Benjamin spoke of in reference to film. In their studio, as in a film studio, "the apparatus has penetrated so deeply into reality that its pure aspect, freed from the foreign substance of the apparatus, is the result of its own technical procedure".

Their pictures are artistic experiments with the possibilities and perfidies of perspectival vision; they reflect the way in which image formats shape our perception and idea of human beings. Thus, in the 360-degree portraits, every

Obwohl Produkte einer technisch aufwendigen Herstellung, erscheinen sie doch als apparatefreie Bilder – wie die „blaue Blume im Land der Technik", von der Benjamin mit Blick auf den Film sprach. Auch in ihrem Atelier ist, wie im Film-Atelier, „die Apparatur derart tief in die Wirklichkeit eingedrungen, daß deren reiner, vom Fremdkörper der Apparatur freie Aspekt das Ergebnis einer eigenen technischen Prozedur" ist.

Ihre Bilder sind künstlerische Experimente mit den Möglichkeiten und Tücken perspektivischen Sehens; sie reflektieren die Art und Weise, wie Bilderformate unsere Wahrnehmung und Vorstellung vom Menschen prägen.

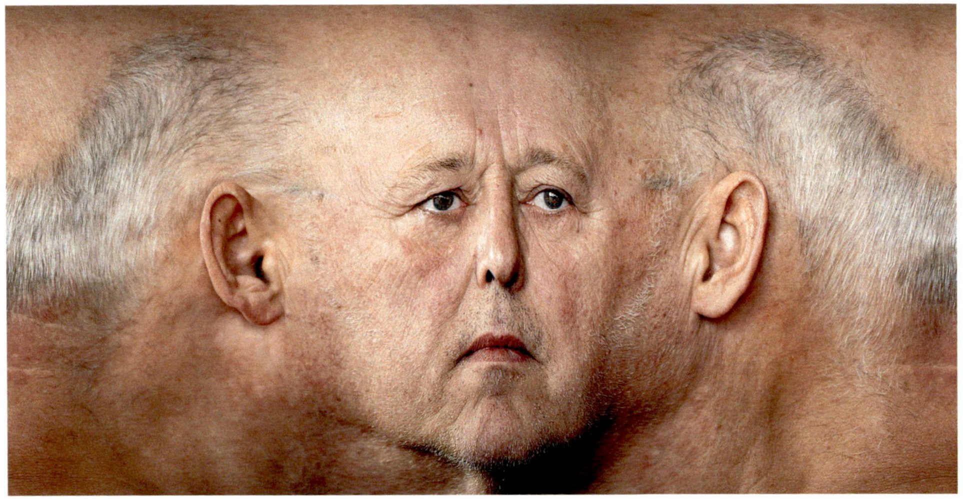

Koschies
SIGNAL
2017

So ist in den 360-Grad-Porträts jede gewohnte Perspektive aufgehoben. Wenn die Augen über die Bilder wandern, dann tritt zwar im Detail hier und dort Vertrautes in Erscheinung – wie im Vexierbild; und doch ergibt die im technischem Sinne vollständige Darstellung des Kopf-Gesicht-Kontinuums kein Bild vom ganzen Menschen. Vielmehr werden die überlieferten Ansichten vom Gesicht, die jeweils kulturell spezifischen Kontexten entstammen, dekonstruiert. Auf antiken Vasenbildern war die maskenähnliche Frontalansicht Göttern, Monstern und Toten reserviert, während die agierenden Gestalten der mythischen oder kriegerischen Szenen stets im Profil dargestellt sind.

Nicht für Sterbliche vorgesehen, schien das Schema des *En-face-Gesichts* der mittelalterlichen Malerei offenbar bestens geeignet, um für das ikonenartige Christus-Antlitz genutzt zu werden. Erst als sich aus dem Christentum eine christlich grundierte Gesellschaft formierte und die zuvor entrückten biblischen Gestalten physiognomisch menschenähnlicher wurden, trat das *Brustbildnis* an die Stelle des isolierten, körper- und halslosen Gesichts. Und dieses Christus-Bildnis wurde wiederum zum Modell für das autonome Porträt, wie es in der Renaissance entstand. Im Bemühen, das Porträt zu individualisieren und die dargestellte Person als Gegenüber zu gestalten, entwickelten die Maler dann die oben beschriebene Dreiviertelposition. Denn erst in Blick und Gegenblick wird aus dem Gesicht ein Angesicht.

familiar perspective is suspended. When the eyes wander about the pictures, familiar details appear here and there (as in a picture puzzle); and yet the technically complete image of the head-face continuum does not produce a picture of the whole person. Rather, the traditional views of the face, each stemming from culturally specific contexts, are deconstructed. In ancient vase paintings, for example, the mask-like frontal view was reserved for gods, monsters, and the dead, while the acting figures of mythical or warlike scenes are always depicted in profile. Not intended for mortals, the *en face* scheme of medieval painting apparently seemed ideally suited to be used for the iconic face of Christ. It was only when a Christian-based society formed out of Christianity and the previously rapturous biblical figures became physiognomically more human-like that the *bust portrait* took the place of the isolated, bodiless and neckless face. And this portrait of Christ in turn became the model for the autonomous portrait as it emerged in the Renaissance.

In an effort to individualise the portrait and to create the person portrayed as a counterpart, the painters then developed the three-quarter position described above. For it is only in the gaze and counter-gaze that the face becomes a countenance.
In the *profile format*, on the other hand, the majority of Renaissance portraits depicted women. There personality and status, here beauty and harmonious proportions. Around 1800, Johann Caspar Lavater believed that he could read the portrayed person's character, thus paving the way for physiognomic racial studies. While contemporary science rejects this crude form of racism, the proportions of the human face have been handed over to the hands and knives of plastic surgery. Today, it is aided by the simulation techniques of computer science which allow patients to see their faces as they will look like after an operation, in a 3-D simulation.

Perspective is therefore by no means neutral, neither in anthropological nor in cultural and art-historical terms; nor is it innocent. When the *Surfaces* images implode every known perspective into the simultaneity of all possible angles, we are challenged to take a close look at the faces unfolding before us and question the very view of the human anew.

Im *Profil-Format* waren in der Renaissance dagegen mehrheitlich weibliche Porträts zu sehen. Dort Persönlichkeit und Status, hier Schönheit und harmonische Proportionen. Von diesen vermeinte Johann Caspar Lavater um 1800, den Charakter des betreffenden Menschen ablesen zu können, und bereitete damit der physiognomischen Rassenkunde den Weg. Während die Wissenschaft diese grobe Spielart des Rassismus heute ablehnt, wurden die Proportionen des menschlichen Gesichts derweil den Händen und Messern der plastischen Chirurgie überantwortet. Ihr kommen heute die Simulationstechniken der Informatik zu Hilfe, die es möglich machen, den Patienten ihr Gesicht, wie es nach einer Operation aussehen würde, in einer 3-D-Simulation vorzuführen.

Die Perspektive ist also keineswegs neutral, weder in anthropologischer noch in kultur- und kunstgeschichtlicher Hinsicht; sie ist auch nicht unschuldig. Wenn bei den *Surfaces*-Bildern jede bekannte Perspektive in der Gleichzeitigkeit aller möglichen Blickwinkel implodiert, dann sind wir gefordert, einen genauen Blick auf die vor uns entfalteten Gesichter zu werfen und die Ansicht vom Menschen neu zu hinterfragen.

1. Gorgoneion (um 530 v. Chr.), Musée du Louvre, Paris

2. Agnolo Gaddi, Christus-Antlitz (um 1385), Museo Horne, Florenz

3. Albrecht Dürer, Selbstbildnis (1500), Alte Pinakothek, München

4. Lorenzo Lotto, Bildnis eines jungen Mannes (1508), Kunsthistorisches Museum, Wien

5. Piero del Pollaiolo, Bildnis einer jungen Frau (1470), Museo Poldi Pezzoli, Mailand

6. Johann Caspar Lavater, Silhouette (1780)

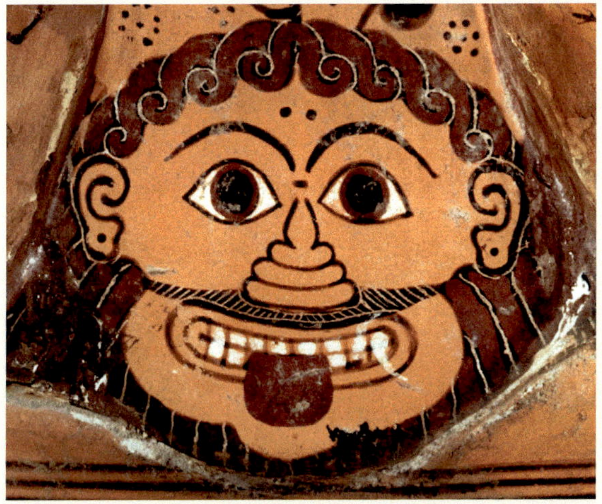

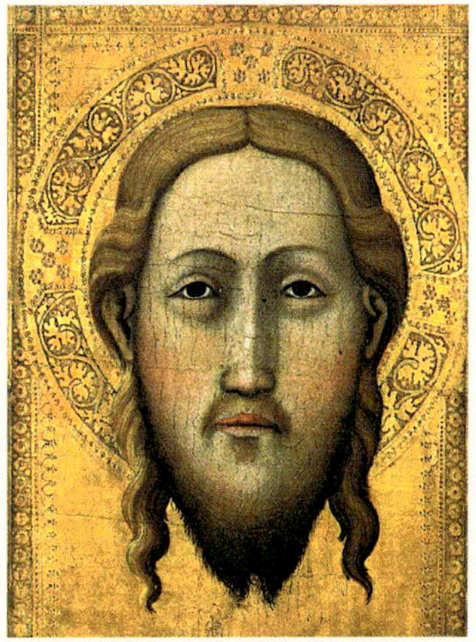

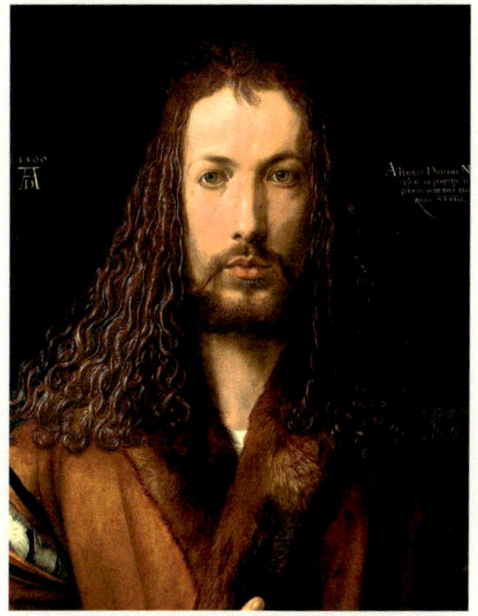

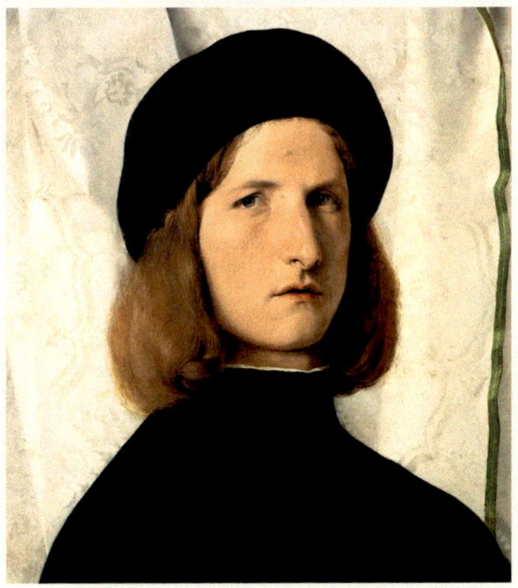

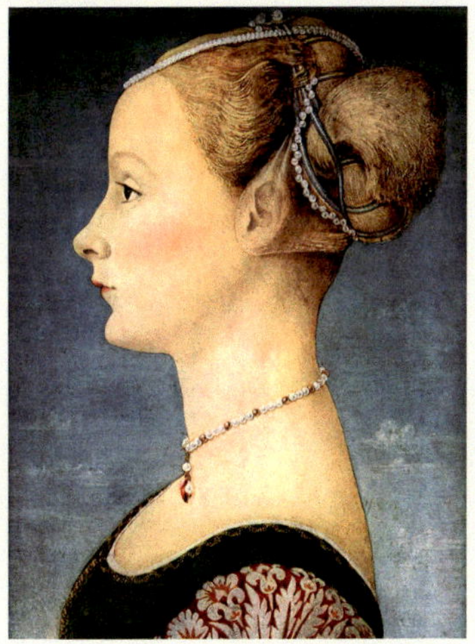

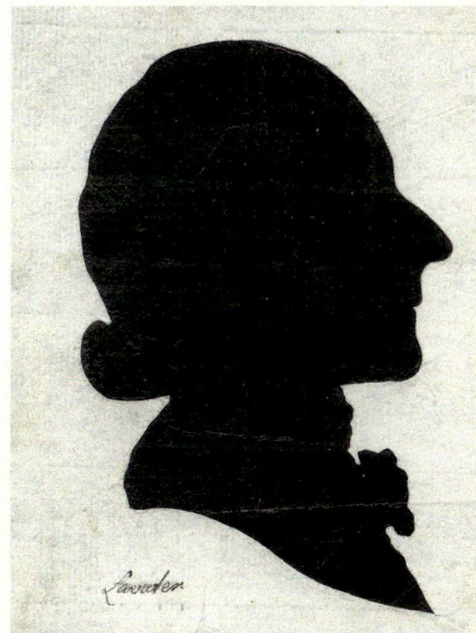

1. Gorgoneion (c. 530 BC),
Musée du Louvre, Paris

2. Agnolo Gaddi, Face of Christ (c. 1385),
Museo Horne, Florence

3. Albrecht Dürer, Self-Portrait (1500),
Alte Pinakothek, Munich

4. Lorenzo Lotto,
Portrait of a Young Man (1508),
Kunsthistorisches Museum, Vienna

5. Piero del Pollaiolo,
Portrait of a Young Woman (1470),
Museo Poldi Pezzoli, Milan

6. Johann Caspar Lavater,
Silhouette (1780)

SUR**FACES** | SEQUENCE I

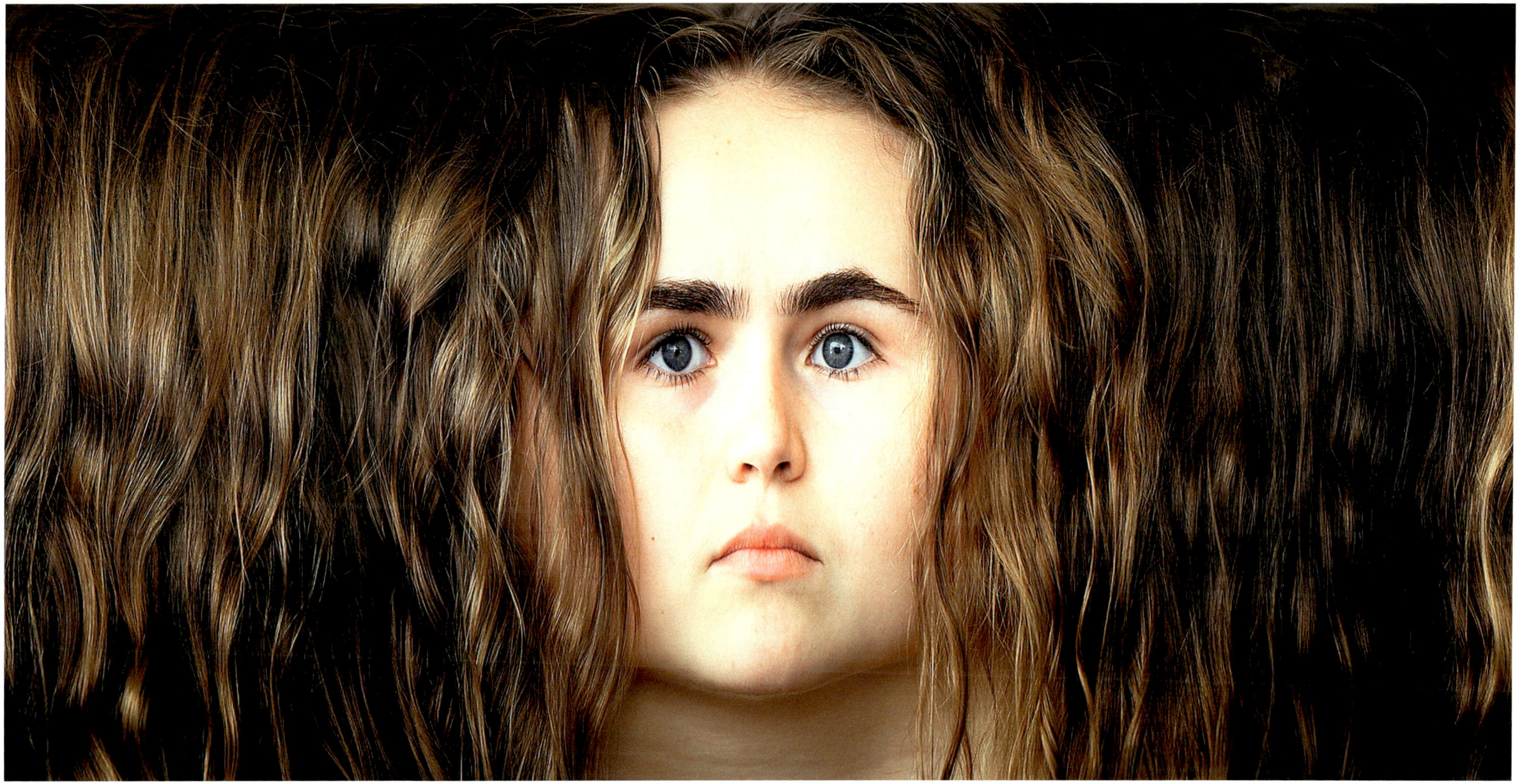

LA QUESTION, 2019

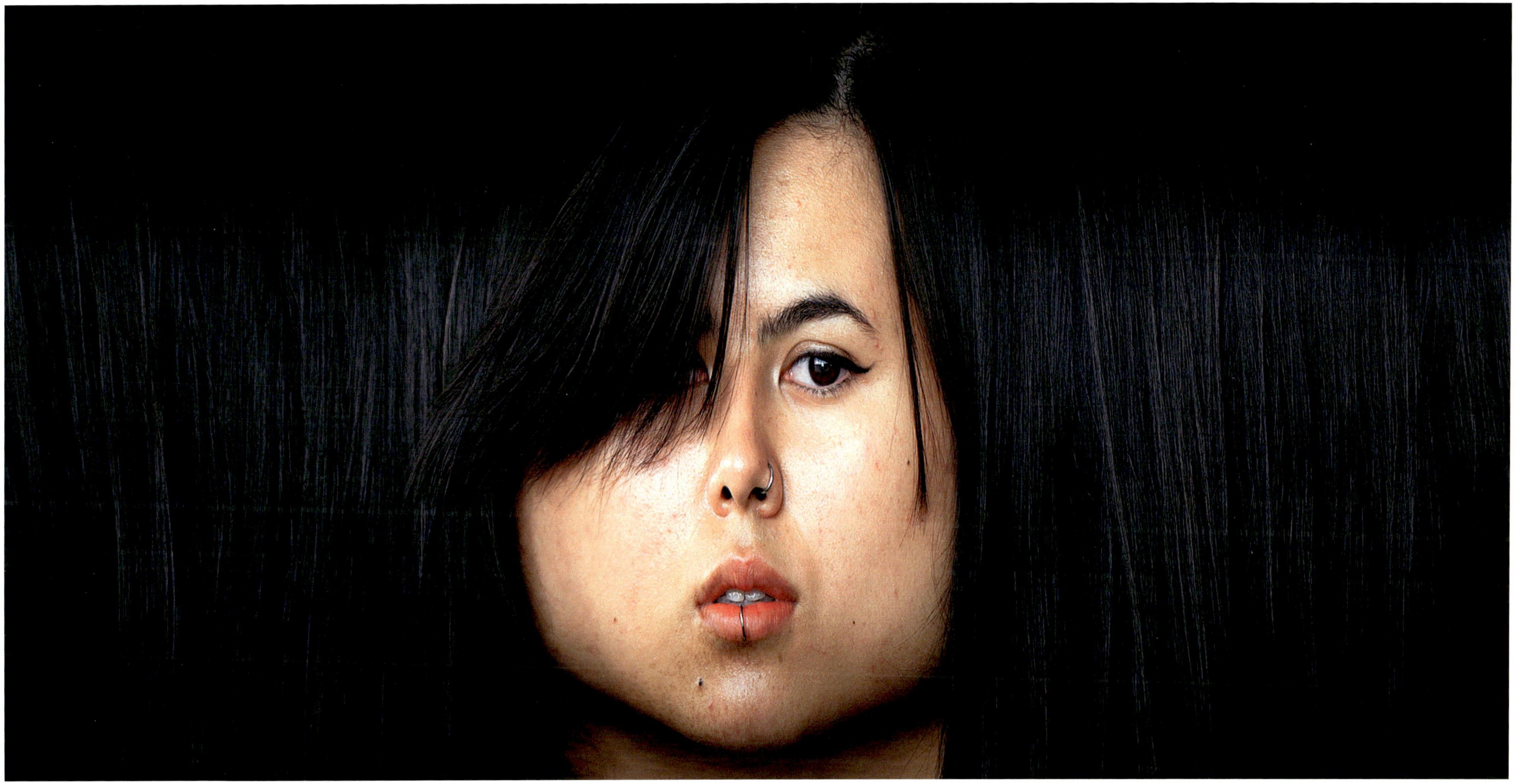

PAST THE CURTAIN, 2018

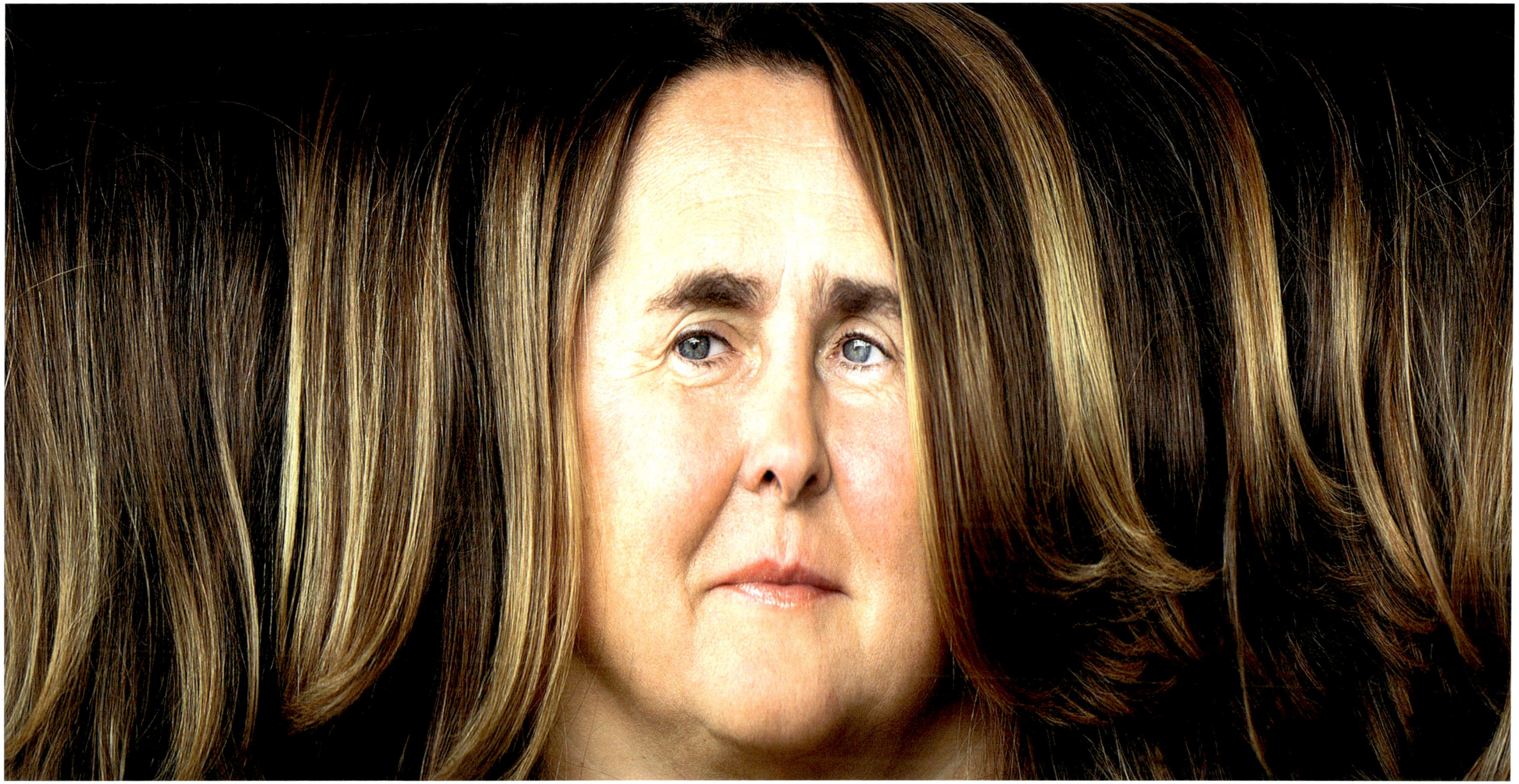

WOLKEN, 2017

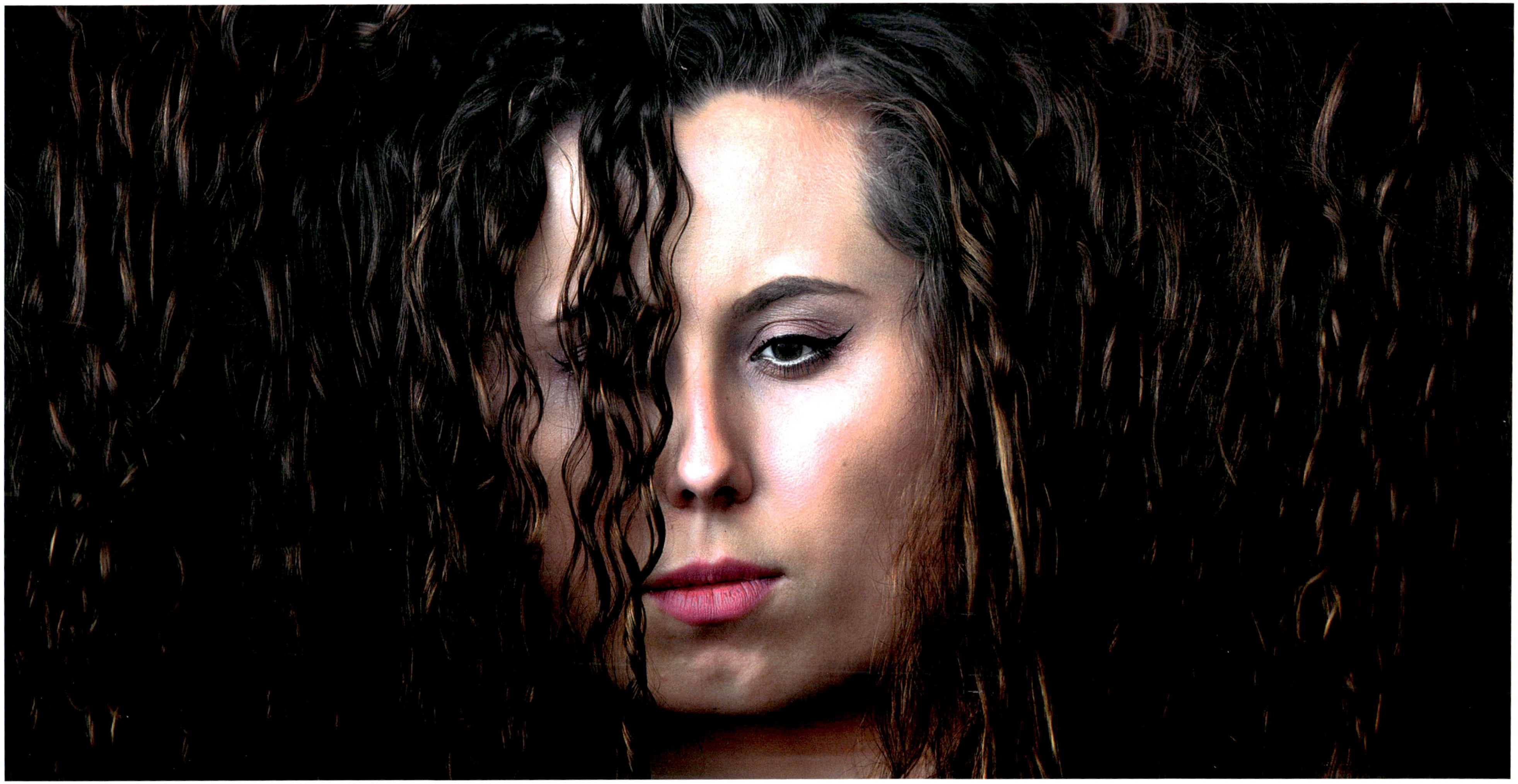

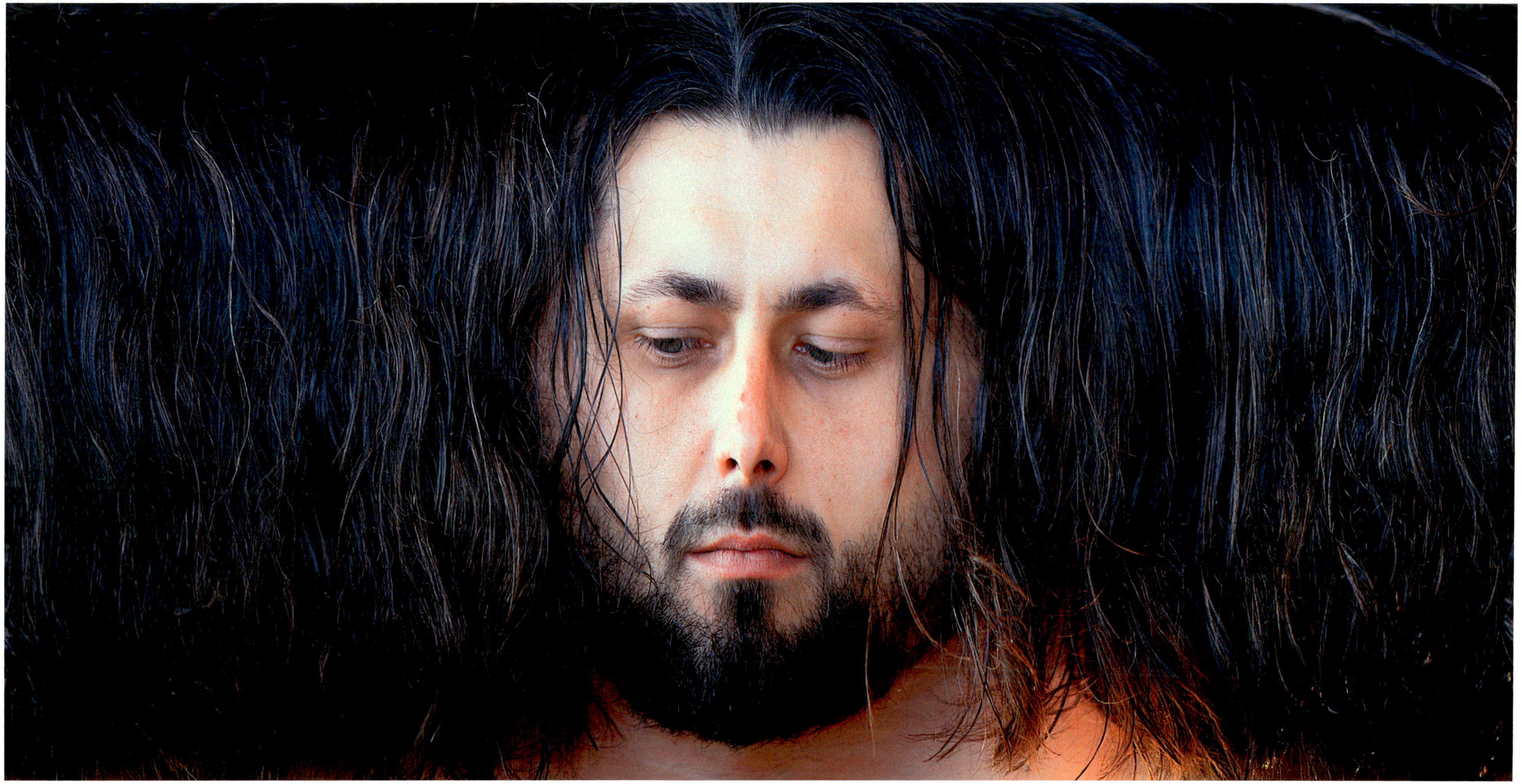

DAS FENSTER, 2018

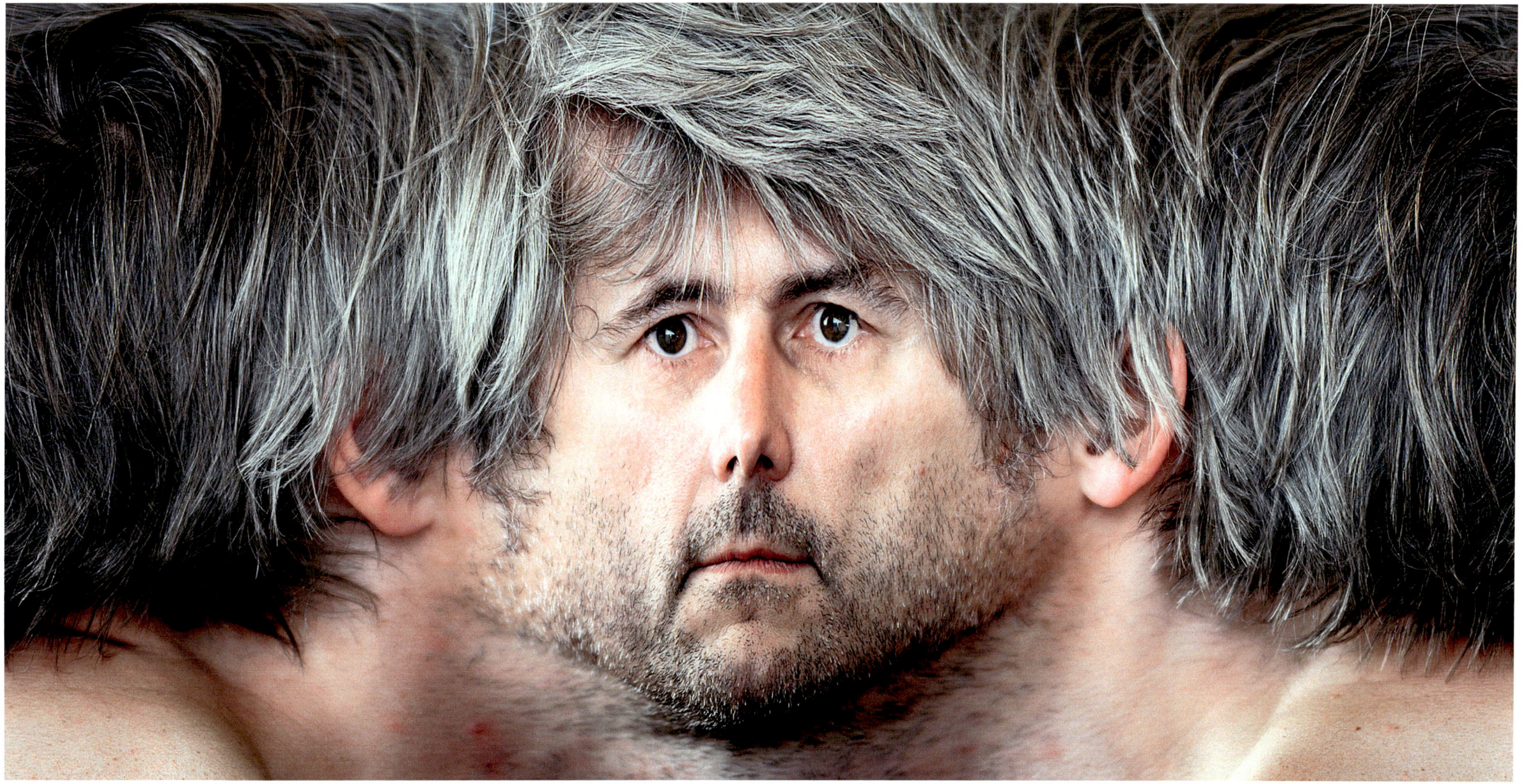

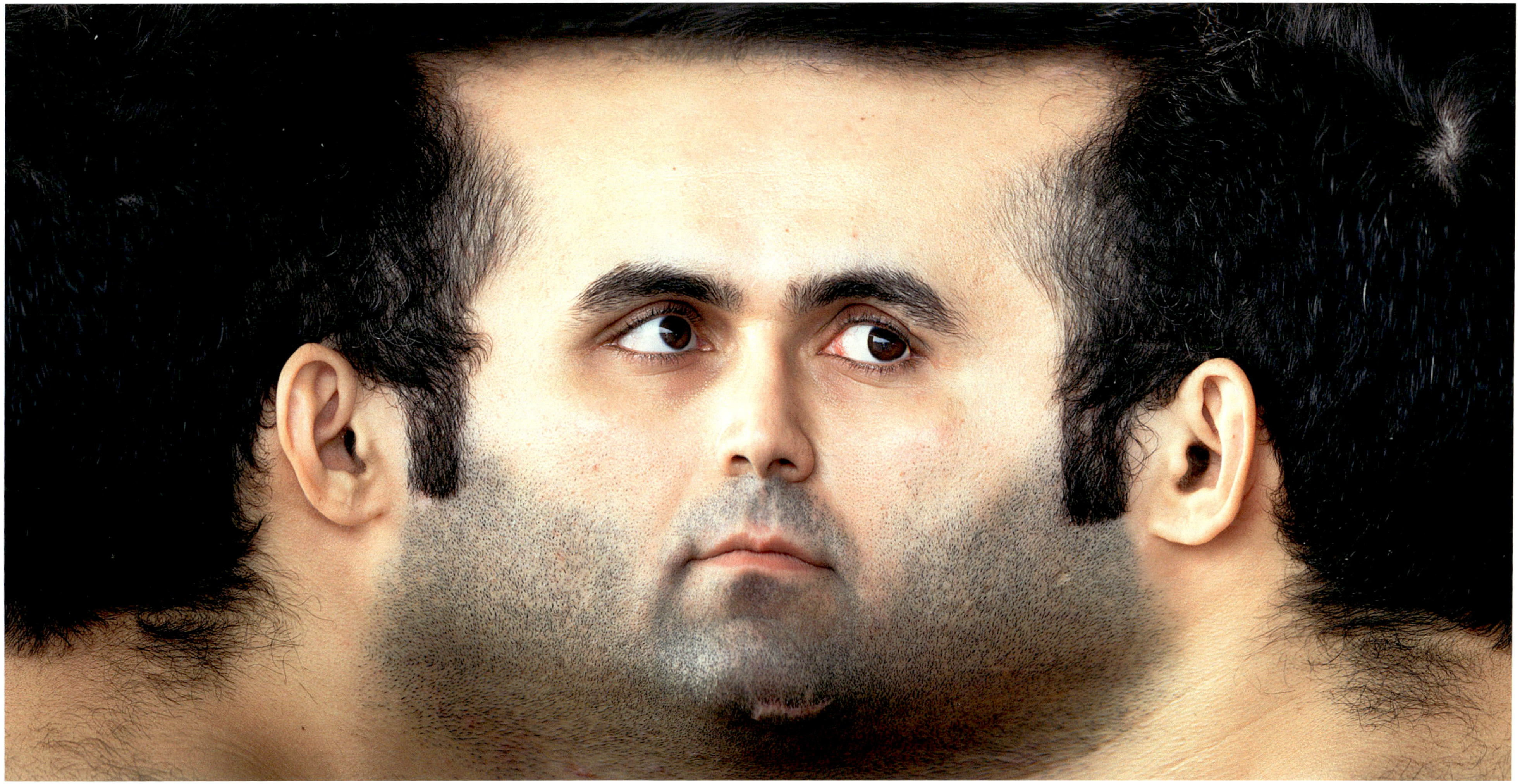

DIE FRAGILITÄT DER ZUVERSICHT, 2020

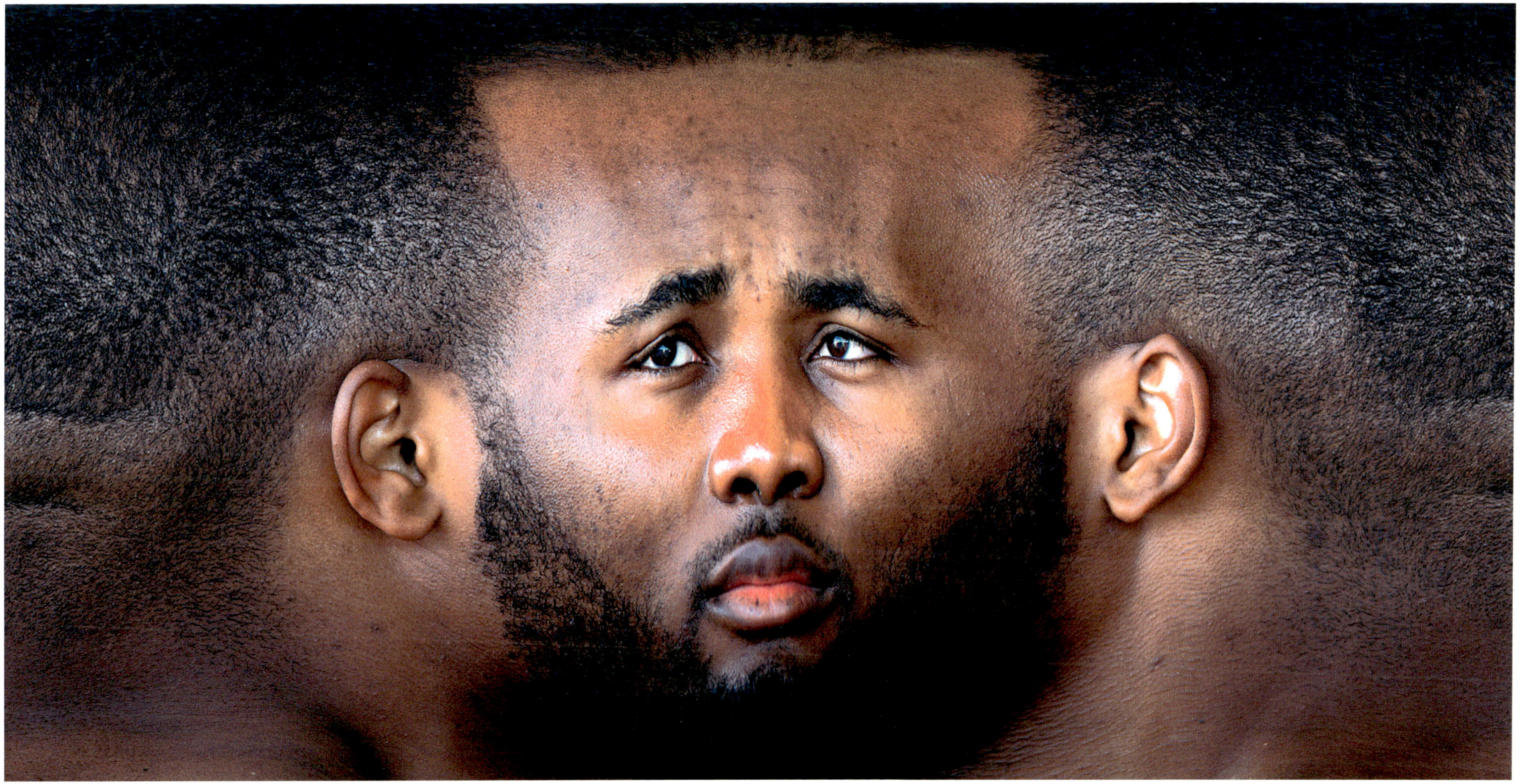

A MATTER OF COASTS, 2018

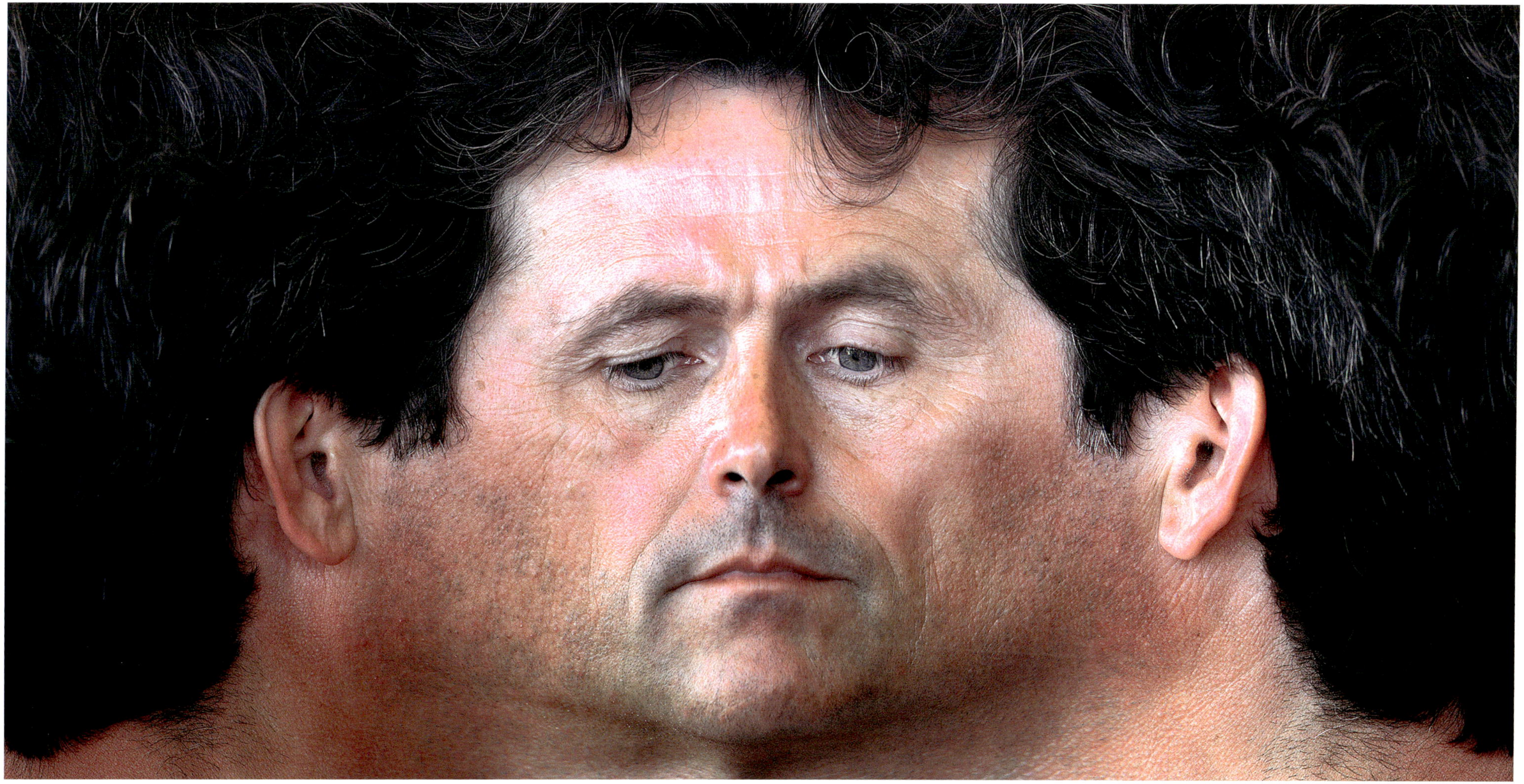

SUSPICION, 2019

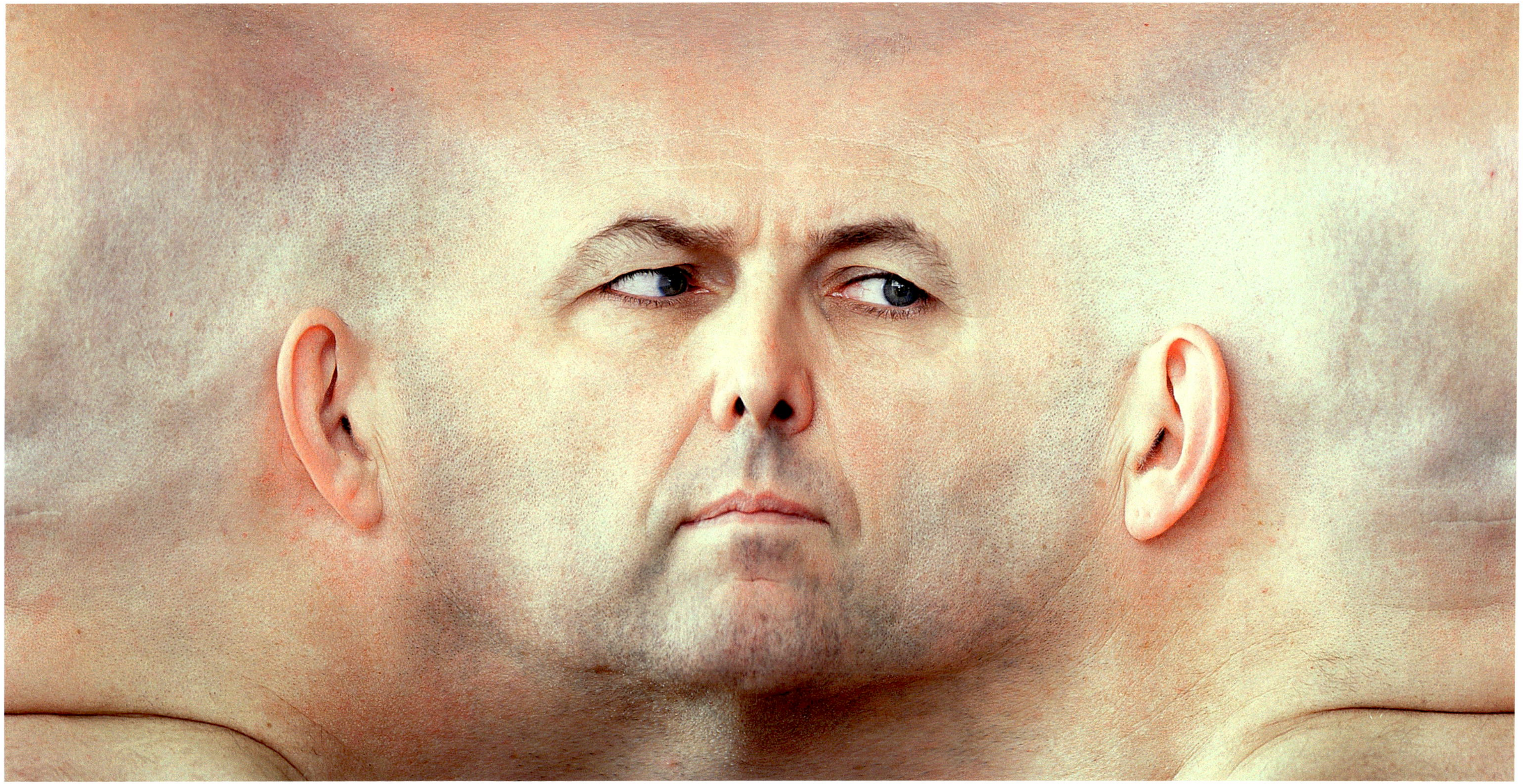

LE POLYPHÉNE ÉTERNEL, 2018

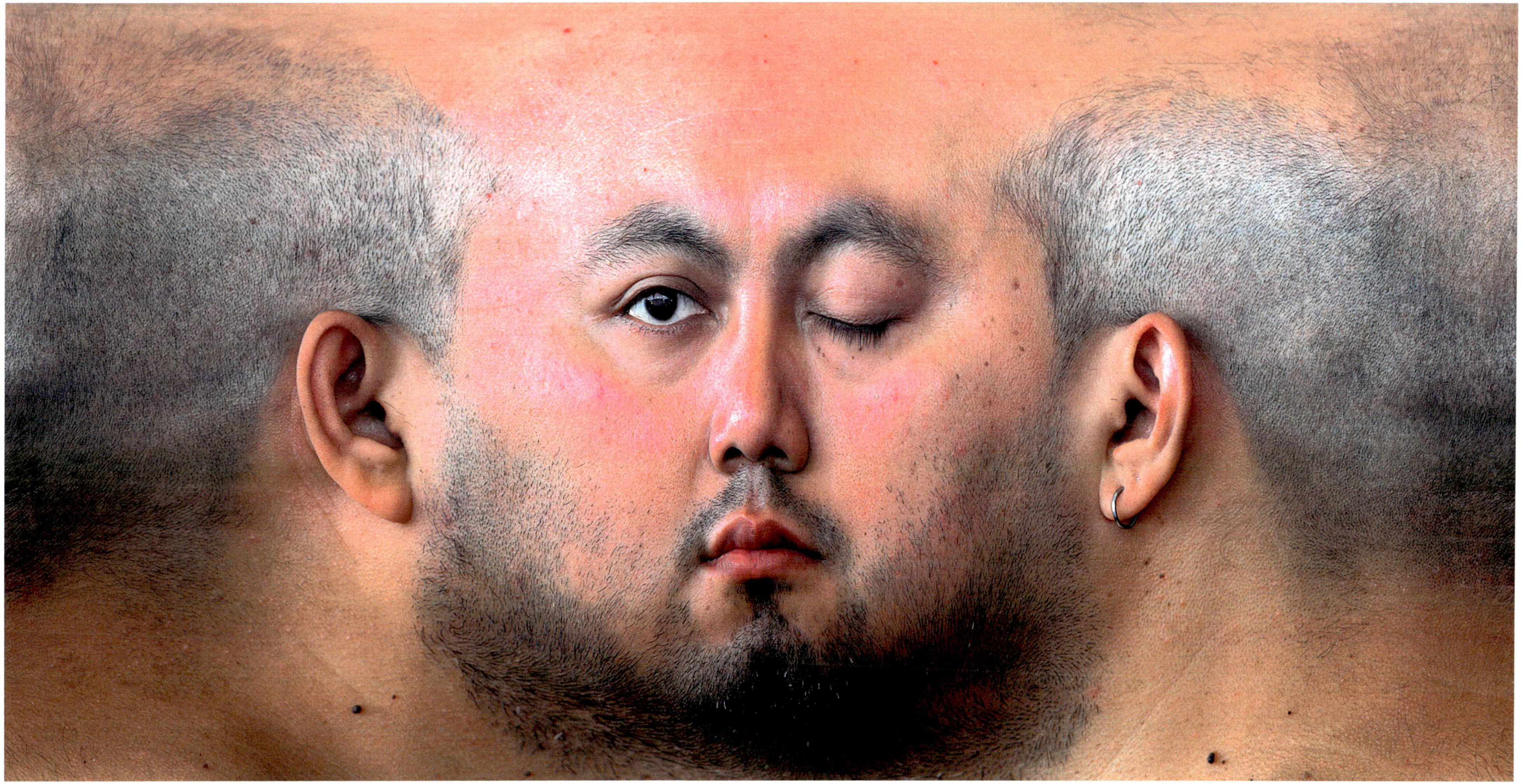

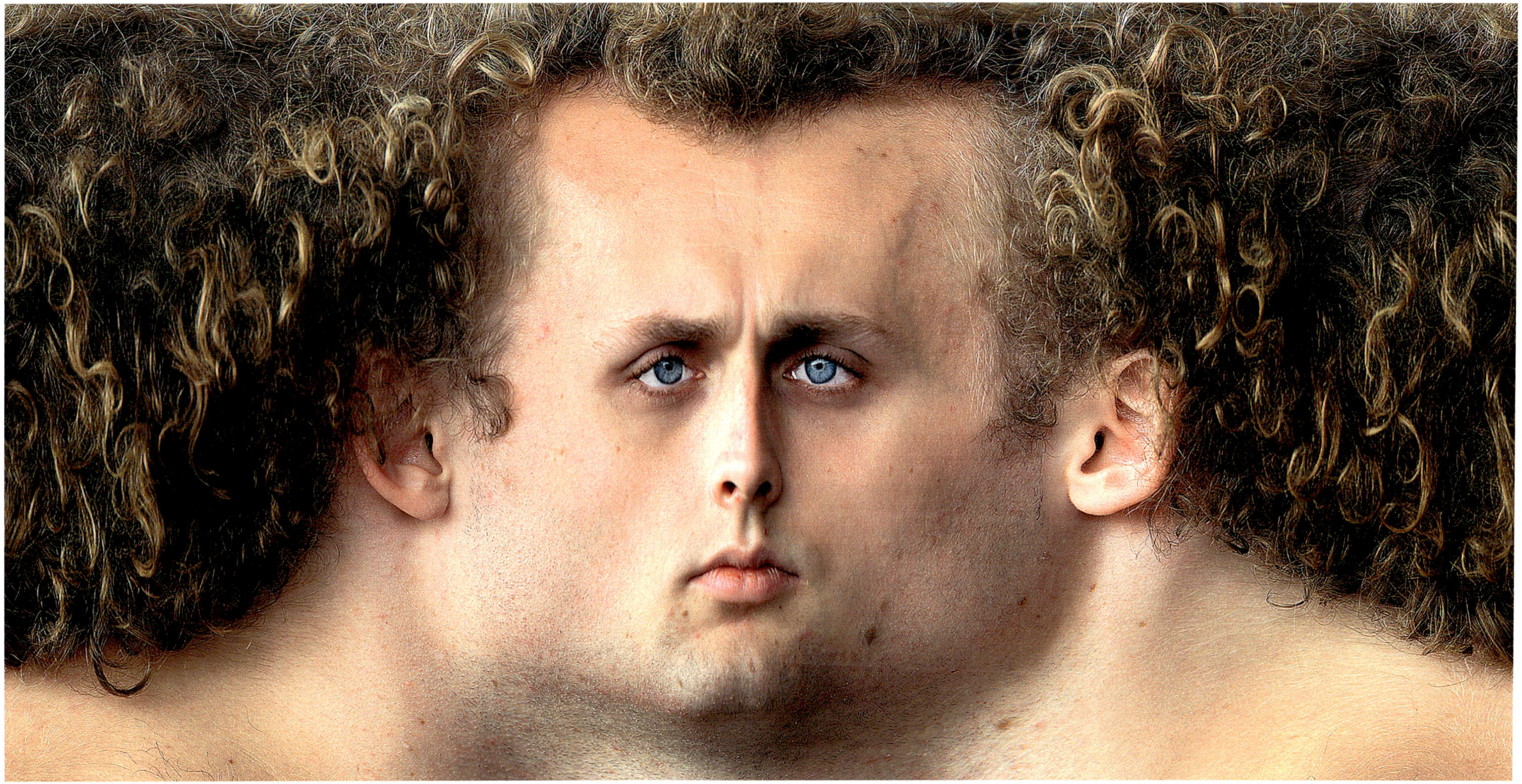

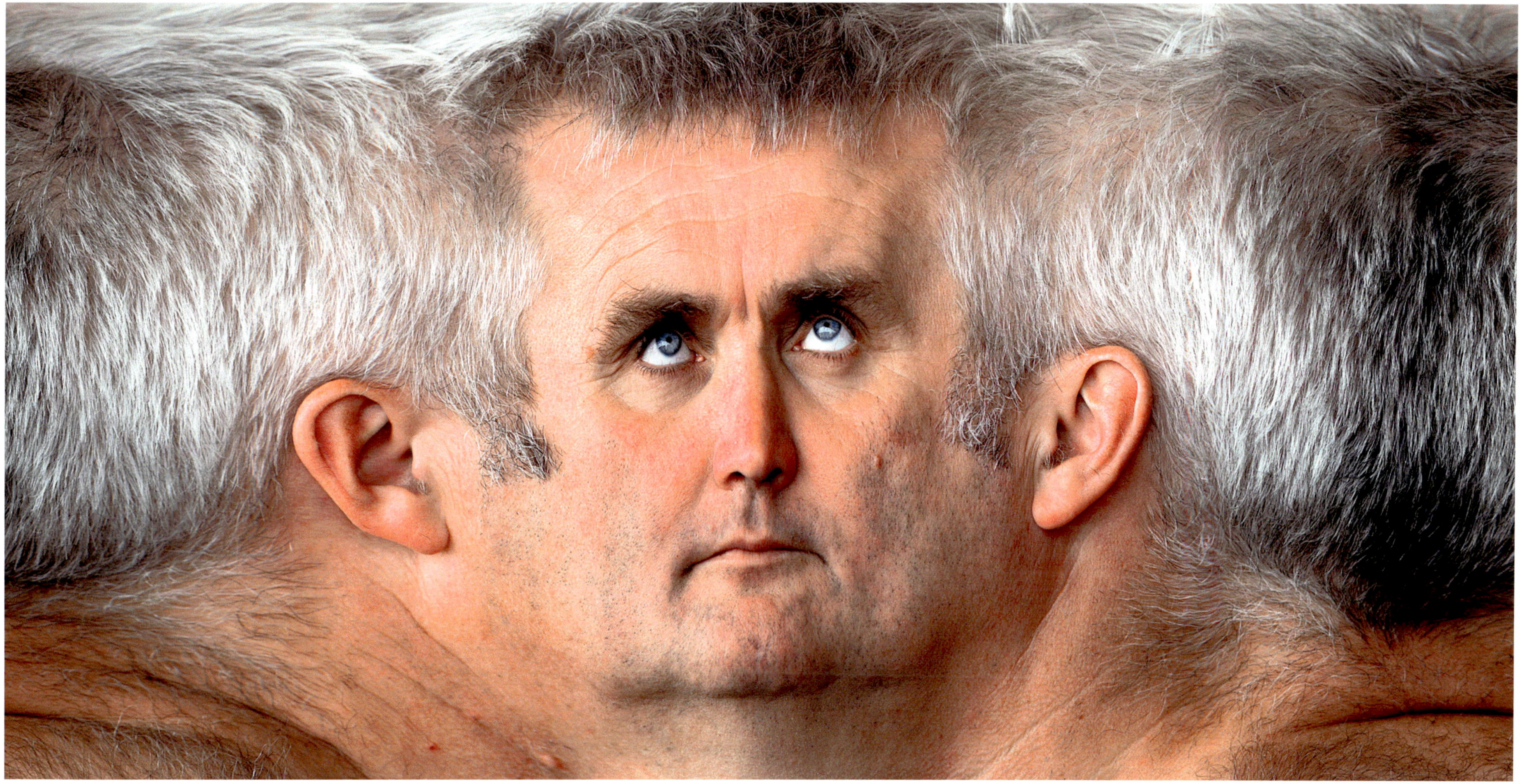

RESERVOIR, 2016

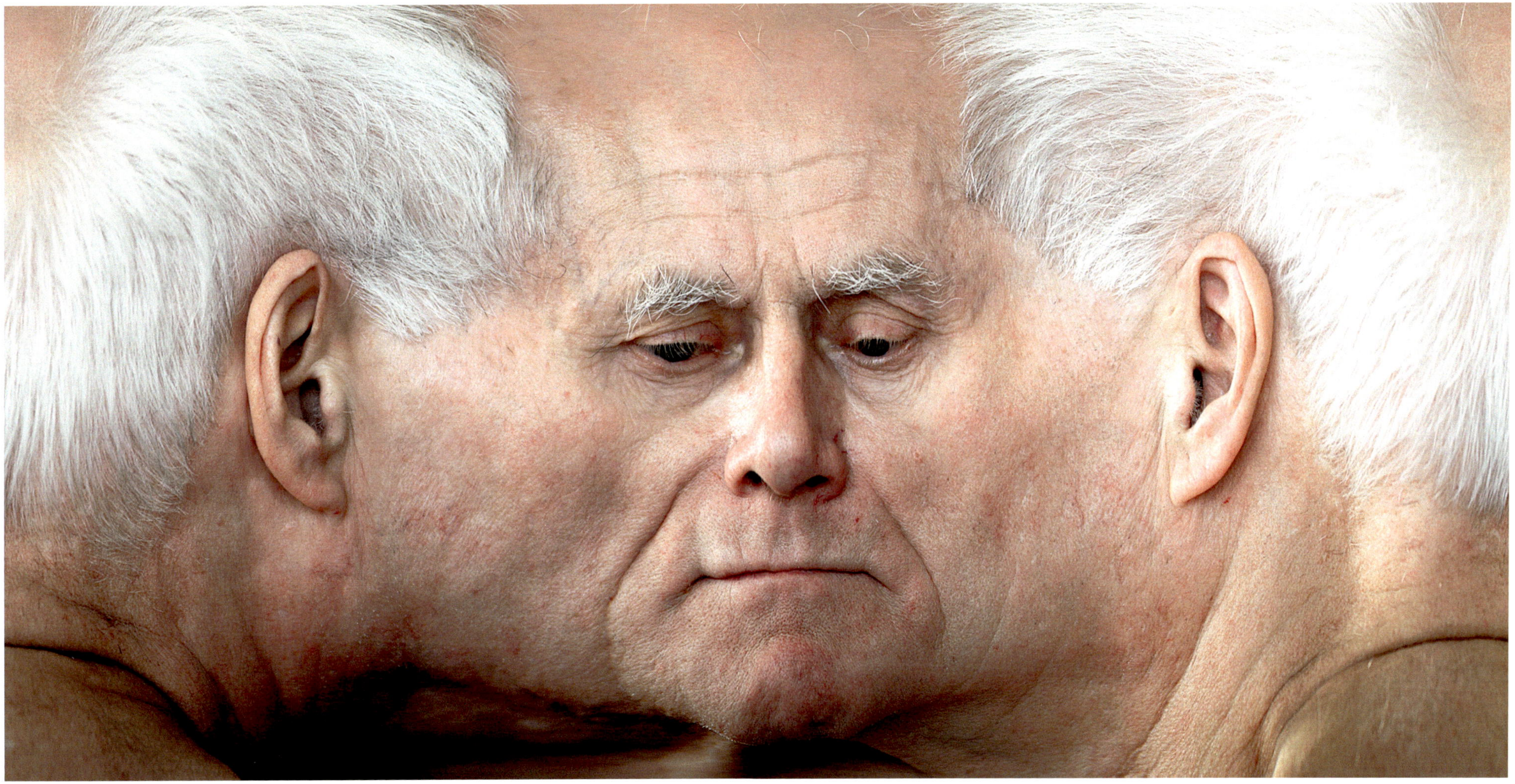

THE ESSENCE OF MEMORY, 2020

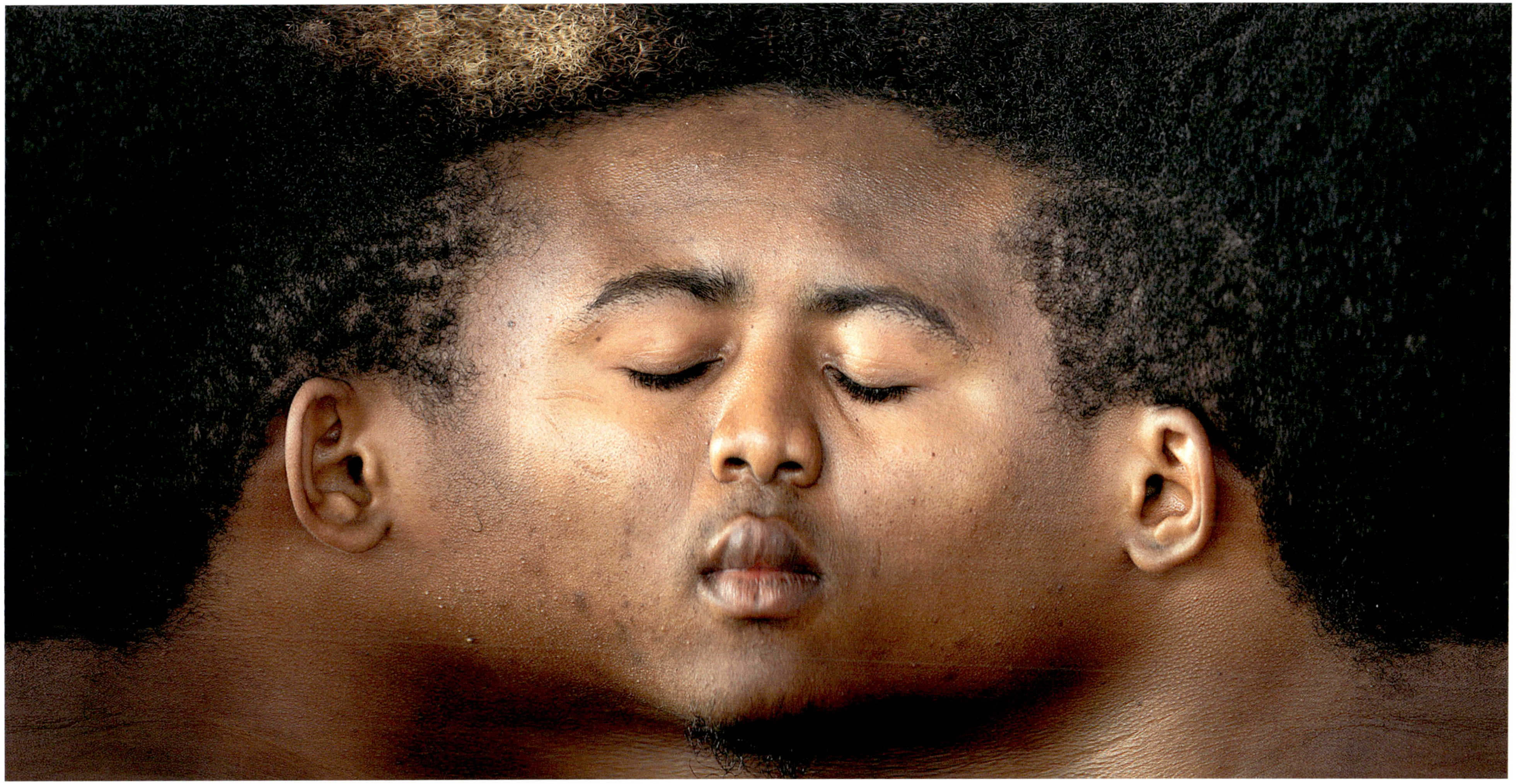

LA SALLE DE PARI, 2018

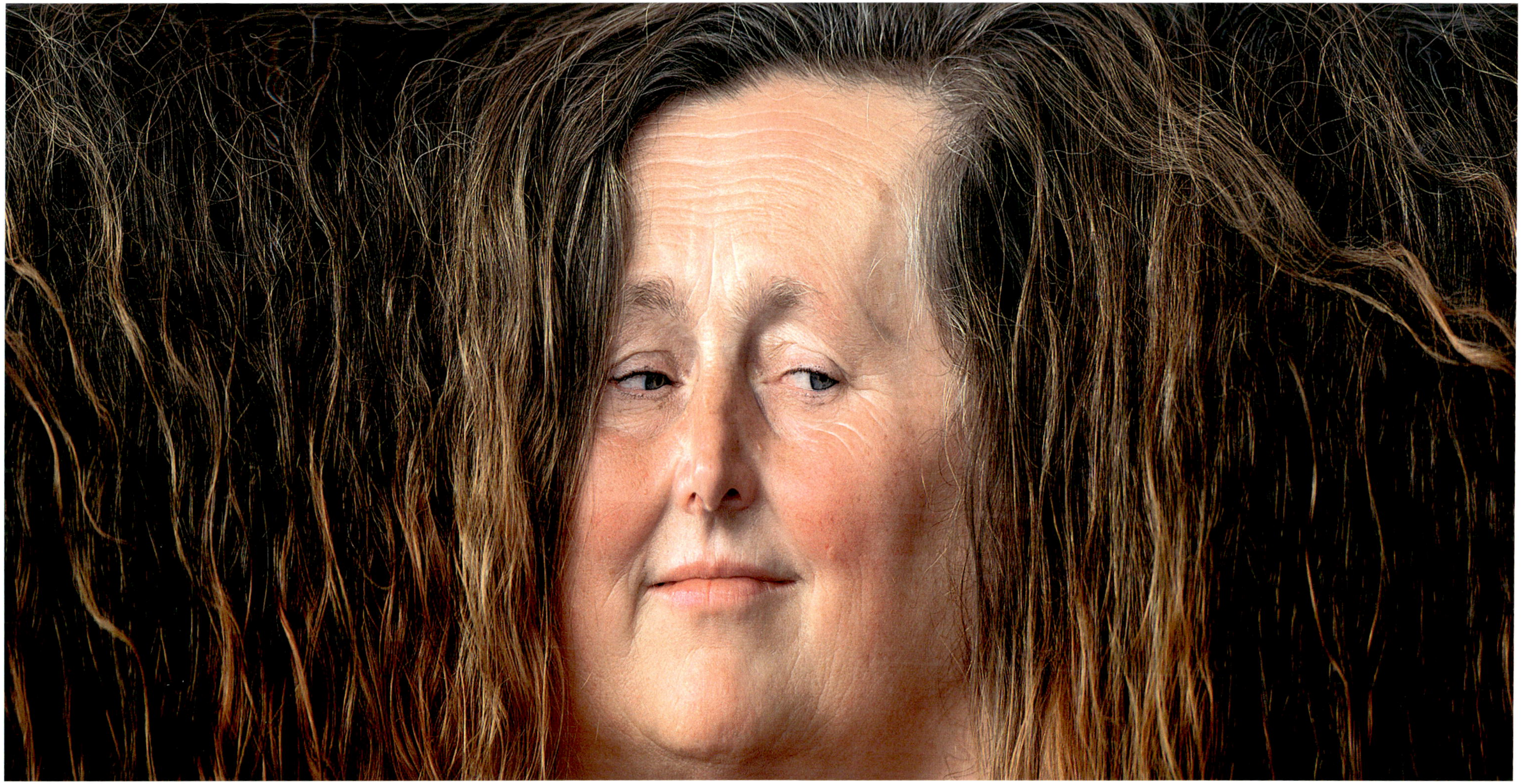

L´ÂME DU CUBISME, 2015

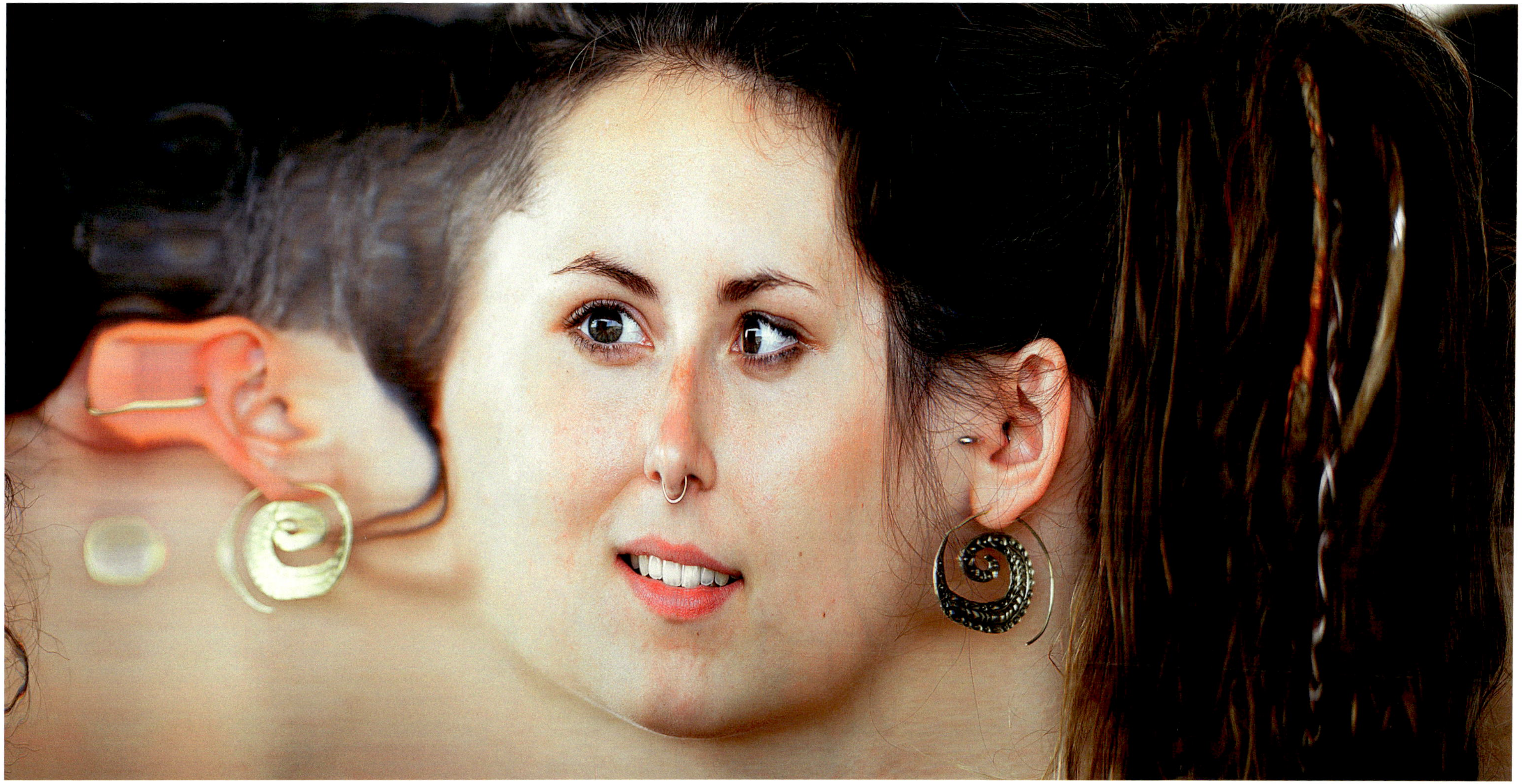

RÄTSEL DER UMRUNDUNG

Die Relativierung der Wahrnehmung

Christoph Tannert

Auf jeden Fall gilt, und das muss gleich zu Anfang vermerkt werden: Diese Bilder bleiben in Erinnerung. Sie fordern unser Sehen und Verstehen heraus. Jede dieser großformatigen Fotografien ist ein Kontrapunkt gegen die Entwertung der Einmaligkeit des Menschen und für die Bedächtigkeit der Umschreibung seiner Existenz. Das ist das Anliegen der Koschies, sie mögen Menschen. Von ihrer besonderen Menschenliebe und zugleich von ihrer medialen Interessiertheit spricht ihre Bildproduktion.

Bei der Beschreibung und Wertung dessen, was dem Künstlerduo Koschies mit seiner seit 2015 vorangetriebenen Bildserie *Surfaces* gelungen ist, kann der/die Betrachtende vielfach in die Irre gehen.
Die Koschies haben in ihr Werk gleichsam den Irrtum eingeschrieben. Sie halten sich bewusst zwischen den Disziplinen auf. Dabei geht es nicht um das Ineinanderschieben von Realem und Virtuellem. Hier wird nicht digital manipuliert. Die Ergebnisse der Benutzung einer Schlitzkamera zur Entwicklung einer Porträtserie haben etwas Fotografisches, zugleich Filmisches und nicht zuletzt Malerisches. Es ist ein innovatives, ungewöhnliches Fusionskonzept, von dem sich erwartungsgemäß diejenigen verprellt fühlen, die auf die Reinhaltung der Genres achten.
Das mediale In-Between, das für die Arbeiten symptomatisch ist, wird schon dadurch verständlich, weil Axel Koschies vom Film kommt, Birgit Koschies von der Fotografie. Der kategoriale Bezugsrahmen ist der Übergang.

Dieser Wunsch der Koschies, sich von der ästhetischen Normierung zu befreien und ins Unerprobte vorzustoßen, wies ihnen den Weg in Richtung Schlitzkamera. Vom ersten Motiv der Serie an verweist der ungewöhnliche Darstellungsmodus des Bildes auf sich selbst.

THE MYSTERY OF ORBITING

Relativisation of the Perception

Christoph Tannert

In any case, one thing must be stated right away: these pictures stick in one's memory. They challenge our way of seeing and understanding things. Each of these large-format photographs works against the devaluation of our uniqueness as human beings and in favour of thoughtfully circumscribing our existence. This is their concern: the Koschies like people. Their pictorial output reveals their particular love of the human as well as their interest in media.

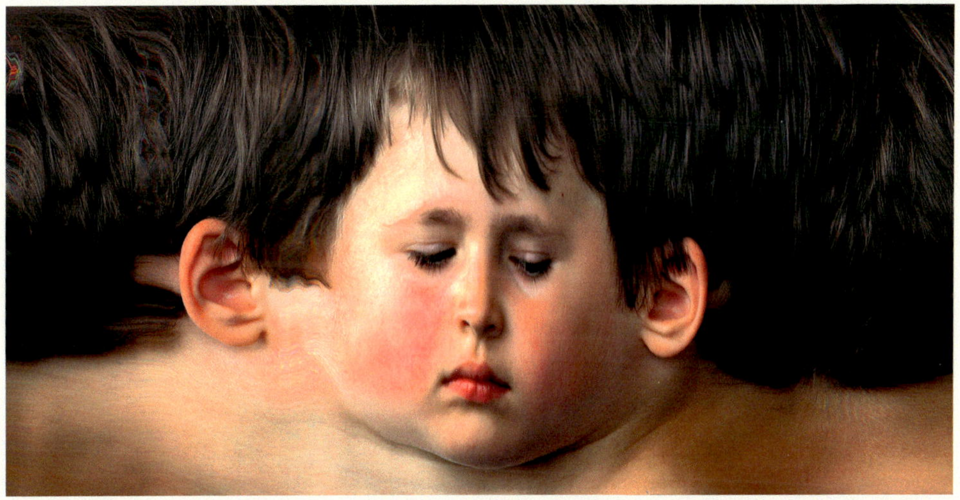

Koschies
DIE VERWANDLUNG
2018

When describing and evaluating the series *Surfaces*, a body of work the artist duo Koschies has been pursuing since 2015, the viewer can be led astray in multiple ways. The Koschies have inscribed error into their work. They deliberately remain between disciplines. It is not a matter of pushing the real and the virtual into the other. Digital manipulation is absent. The results of using a time-slit camera to create a series of images have a photographic, yet cinematic and also, quite importantly, a painterly quality. Theirs is an innovative, unusual concept of fusion, which, quite predictably, alienates those who are concerned about the purity of genres.

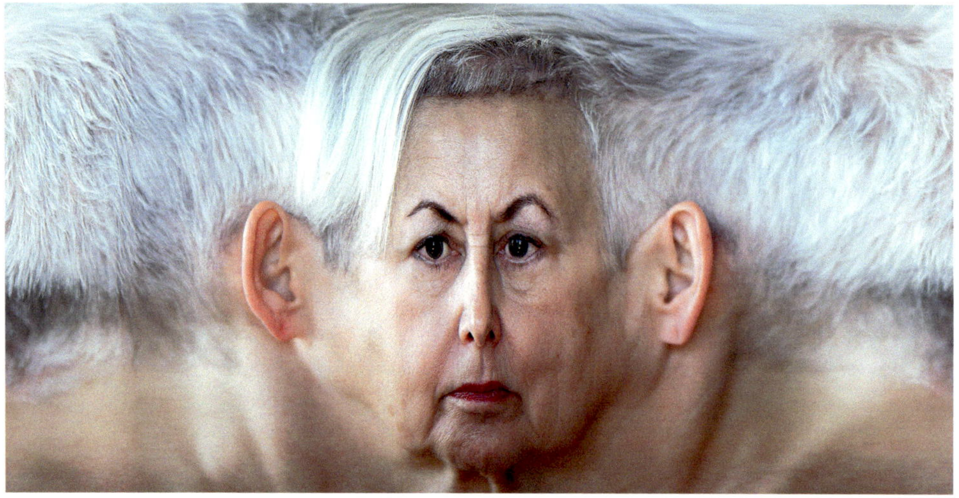

Koschies
DIE CONTENANCE
2019

Die methodische Vorgehensweise ist bei jedem Bild die gleiche, doch jedes *Porträt* ist in seiner Spezifik ein neuer Aufreger, ein neues Ergebnis, das Bild vor der Konventionalisierung zu bewahren.

Es ist verständlich, dass die Koschies in Zeiten hemmungslosen Kopierens und eines ins Unermessliche anwachsenden weltweiten Bilderberges ungern über die Details ihrer Methode sprechen. Die Bewahrung ihres Geheimnisses sichert auch das Besondere ihrer Versuchsanordnung. Wir können gewiss sein, dass das, was wir sehen, sich in einem bestimmten Zeitintervall ereignet hat: Eine Person wurde dreißig Sekunden lang mit der Schlitzkamera rundherum abgelichtet. Das und nichts anderes ist es, was wir präsentiert bekommen. Ein unaufgelöstes Rätsel der Umrundung eines Kopfes. Doch gerade dieses Rätselhafte eines jeden dieser *Porträts* ist das Tatsächliche. Es wird beglaubigt durch die Anwesenheit der Koschies, ihre Zeugenschaft über diesen dreißigsekündigen Vorgang.

Die Qualität ihrer künstlerischen Strategie und der daraus resultierenden Bilder liegt also weniger in der provokanten Form der wie auseinandergeklappt aussehenden Gesichtsfixierung bzw. der organischen Abstraktion als vielmehr in der Gestaltung eines bestimmten zeitlichen Kontinuums. Es entsteht ein Bild in der Zeit, das kein Schnappschuss ist, keine Herauslösung einzelner Augenblicke aus dem zeitlichen Ablauf und keine herkömmliche Langzeitbelichtung eines beweglichen Gegenstandes, sondern die Wirklichkeit eines sich drehenden Kopfes. Jedes Bild präsentiert die Unverwechselbarkeit des Probanden, einzig und allein als Ich an seiner eigenen Seite. Damit haben die Koschies ihre Formel gefunden.

Dieser experimentelle, apparatgestützte Ansatz der Koschies spielt nicht mit dem Zufall, grenzt diesen aber auch nicht aus. Bis zu einhundert Mal bitten die Künstler die zu fotografierende Person, den Aufnahmevorgang zu wiederholen. Das ist das Gegenteil der verbreiteten, ebenso flüchtigen wie selbstverliebten fotografischen Nabelschau per Smartphone.

The medial in-between which is symptomatic of these works makes a lot of sense, given that Axel Koschies comes from a background of film, and Birgit Koschies comes from a background of photography. The categorial frame of reference is the transition.

It was this desire to free themselves from aesthetic standardisation and to advance into the untried, that led the Koschies duo towards the time-slit camera. Starting with the series' first motif, the unusual representational mode of the image has always referred to itself. The methodological approach remains the same for each picture, but every *portrait* in its specificity becomes a new exciter, a new achievement of saving the image from conventionalisation.

Understandably, in times of unrestrained copying and a global stockpile of images which is growing sky high, the Koschies are reluctant to talk about the details of their method.

Keeping their secret, they preserve the unique nature of their experimental set-up. We can be certain that what we see has happened in a specific interval of time: a person photographed circumferentially for thirty seconds. That and nothing else is what we are presented with. A head being circumnavigated remains a mystery. But precisely this mystery, inherent in every one of these *portraits*, is the actual thing, the reality. Authenticated by the Koschies' presence, their testimony of this process of thirty-seconds.

The quality of their artistic strategy and of the resulting images thus lies less in the provocative form of fixating unfolded-looking faces, or of the organic abstraction this represents, but rather in the creation of a certain temporal continuum. Therefore, an image in time that is neither a snapshot, neither a detachment of individual moments from the temporal sequence nor an conventional long exposure of a moving object, but the reality of a turning head is created. Each picture presents the uniqueness of the person at hand, solely as this person's self at his or her own side. With that, the Koschies have found their formula.

This experimental, apparatus-supported approach does not toy with chance, yet it does not exclude it either. Up to a hundred times, the artists ask the person to be portrayed to repeat the recording process. This is the opposite of the widespread photographic navel-gazing via smartphone, which is simultaneously fleeting and self-indulgent. The Koschies move in their own segment of verisimilitude under an extended measure of time.
Beyond unambiguity, the portrayed – people of various sexes, ages and origins – fall out of the abbreviated attention span of our amusement society.

Die Koschies befinden sich in ihrem eigenen Segment der Wahrhaftigkeit unter einem verlängerten Zeitmaß. Die Dargestellten – Menschen diversen Geschlechts, verschiedenen Alters und unterschiedlicher Herkunft – fallen jenseits von Eindeutigkeiten heraus aus der verkürzten Aufmerksamkeitstaktung unserer Amüsiergesellschaft.

Die *Surfaces* trainieren das Publikum in einer Relativierung der zeitlichen, räumlichen und logischen Grenzen der Wahrnehmung, wie sie in der alltäglichen Bilderwelt existieren. Mit den Koschies tritt es einem Bildkonstrukt gegenüber, das der weitgehenden Stilllegung des Körpers der Porträtierten sowie einer auf Konzentration ausgerichteten Erlebnisphase des rezipierenden Subjekts bedarf.

Ob sich behaupten lässt, dass wir mit Hilfe dieser künstlerischen Perspektive unsere Wirklichkeit anders imaginieren und unter den Bedingungen des verlängerten Zeitmaßes einen Möglichkeitssinn entwickeln können, dank dem wir jenseits dieser bildnerischen Darstellung zu einsichtigeren Subjekten werden, ist nicht gewiss.

Augenscheinlich jedoch ist, dass die Darstellungen die Betrachtenden herausfordern. Indem es diese drängt, die abgebildeten Köpfe, die keiner gewohnten Darstellungsform mehr folgen, zu entziffern und mit der eigenen Wahrnehmungs- und Erfahrungswelt in Einklang zu bringen, werden irritierende archetypische Empfindungen frei. Die spontanen emotionalen – oft scheinbar unerwarteten – Reaktionen angesichts der *Surfaces* sind Indizien dafür, dass die vor den Bildnissen Stehenden intensiv konfrontiert sind mit den Grenzen ihrer eigenen Affinitäten und Tabus.

The *Surfaces* educate the audience in relativizing the temporal, spatial, and logical boundaries of perception as they exist in the everyday world of images. With the Koschies, one is confronted with a pictorial construct that requires the portrayed person's body to be largely immobilised and requires the recipient to be fully concentrated during the phase of perception.

Whether it can be claimed that this artistic perspective helps us imagine our reality in a different way and develop a sense of possibility under the conditions of the extended measure of time, thanks to which we become more insightful subjects beyond this pictorial representation, is not certain.

What is evident, however, is that the representations challenge the viewers. By urging them to decipher the depicted heads, which no longer follow any familiar form of representation, and to bring them into harmony with their own world of perception and experience, irritating archetypal sensations are released.

The spontaneous emotional – often as it may seem unexpected – reactions of people facing the *Surfaces* indicate that those standing in front of the images experience an intense feeling of being confronted with the limits of their own affinities and taboos.

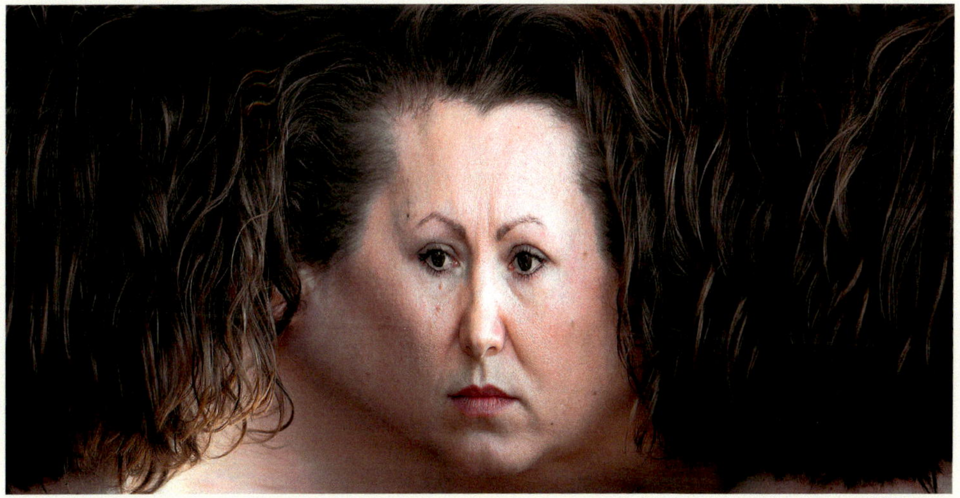

Koschies
THE TRADITION OF LOSS
2018

SUR**FACES** | SEQUENCE II

LA CHÉRUBINE ÉTONNÉ, 2016

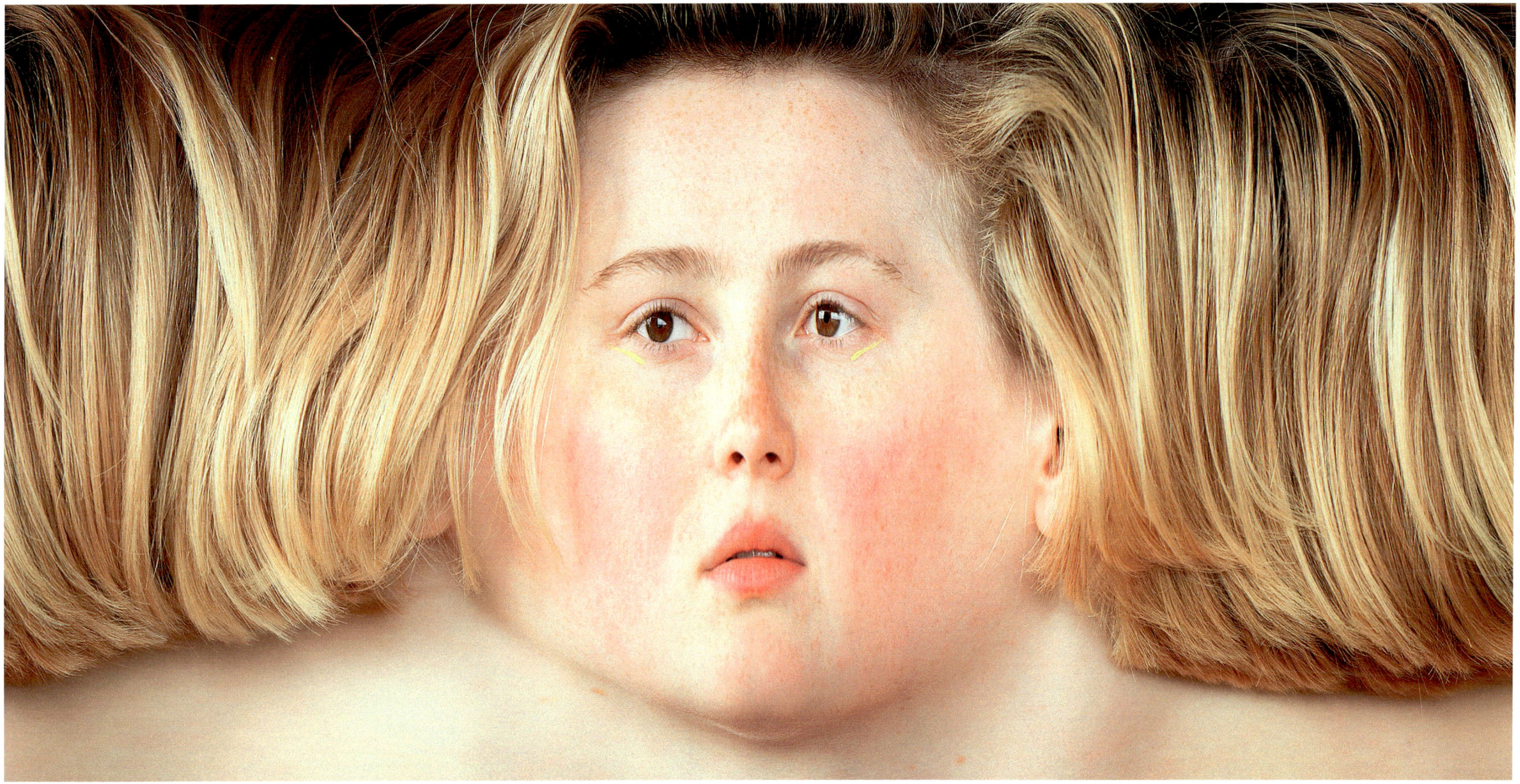

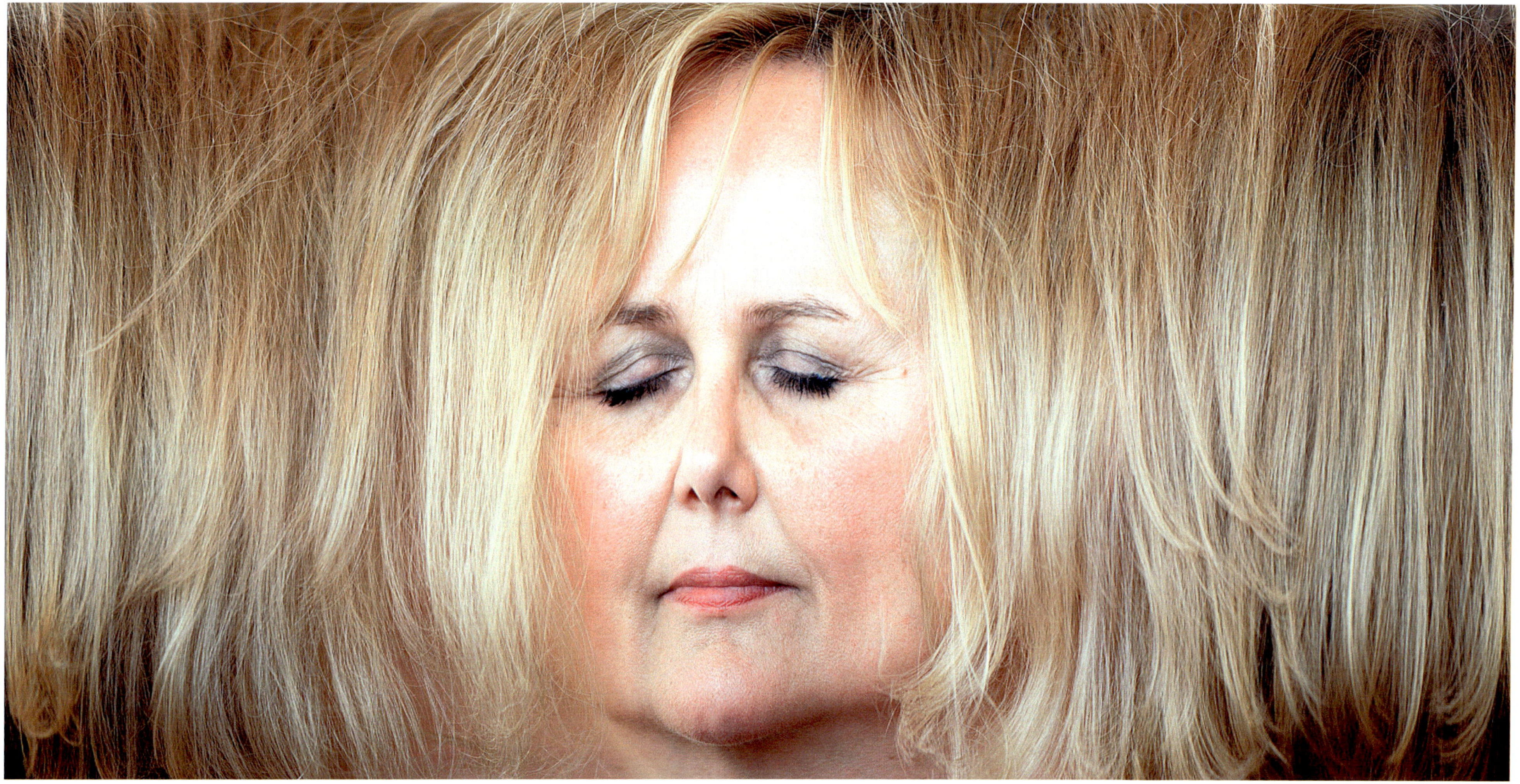

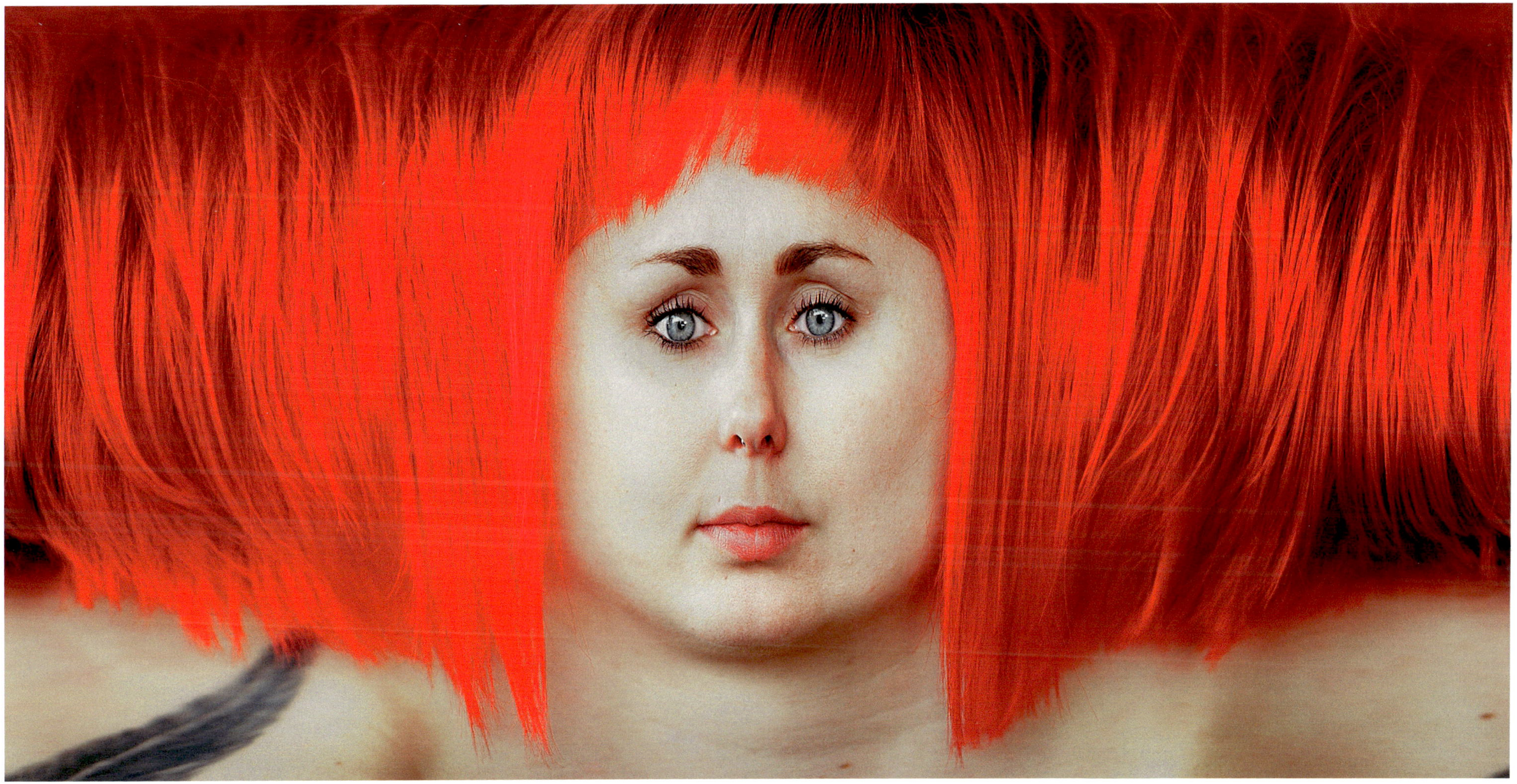

DIE VERWANDLUNG, 2018

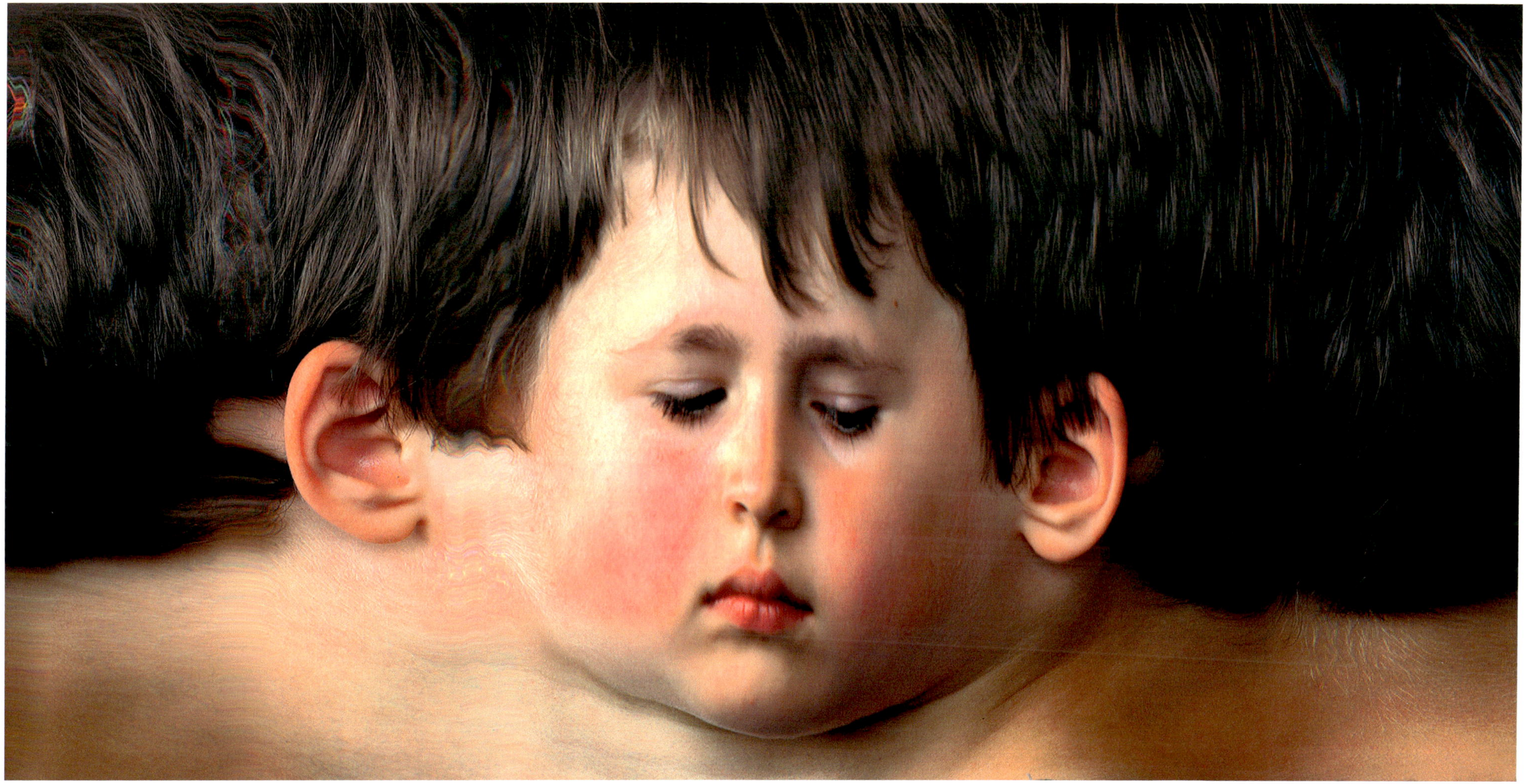

TEMPS D'OR, 2018

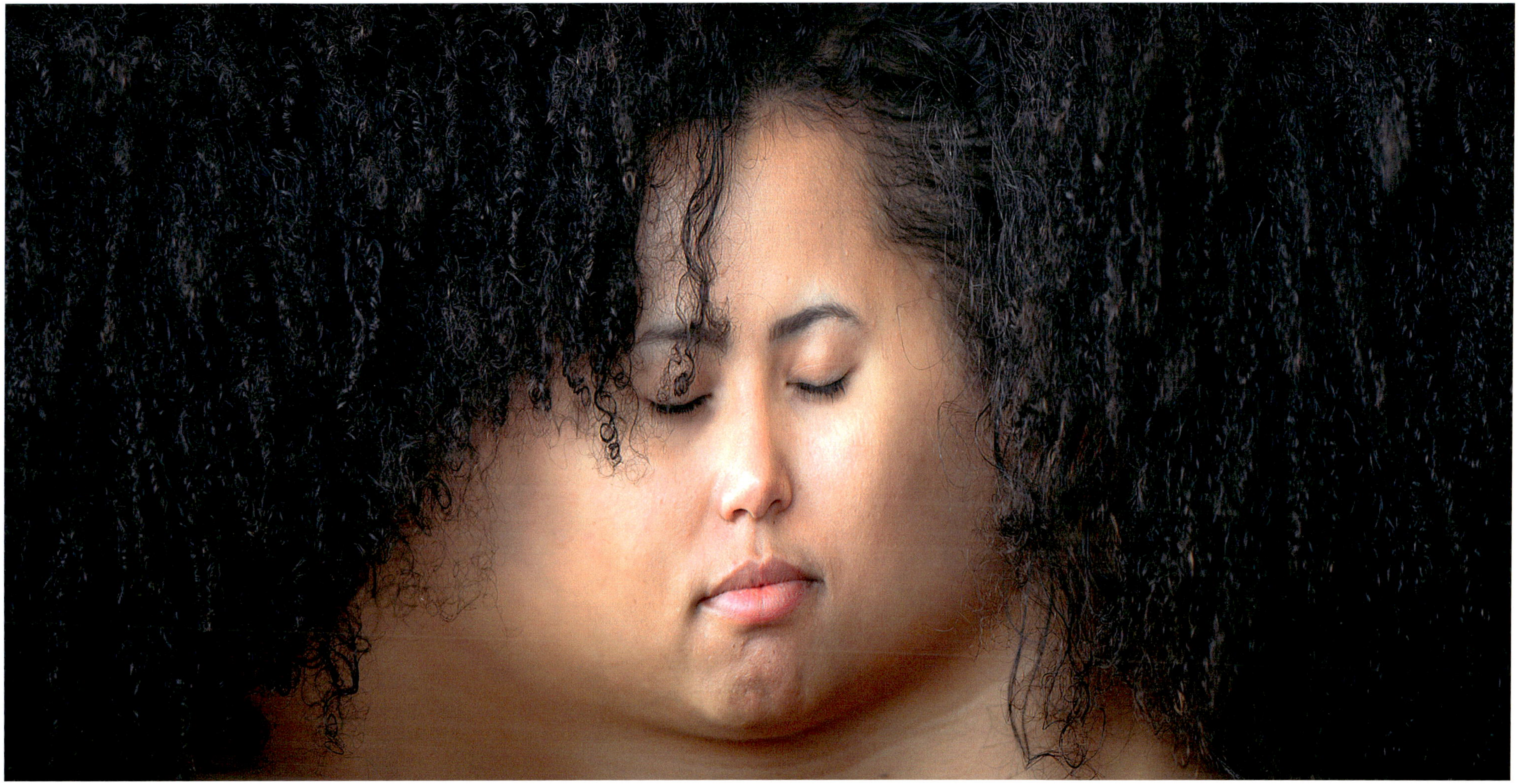

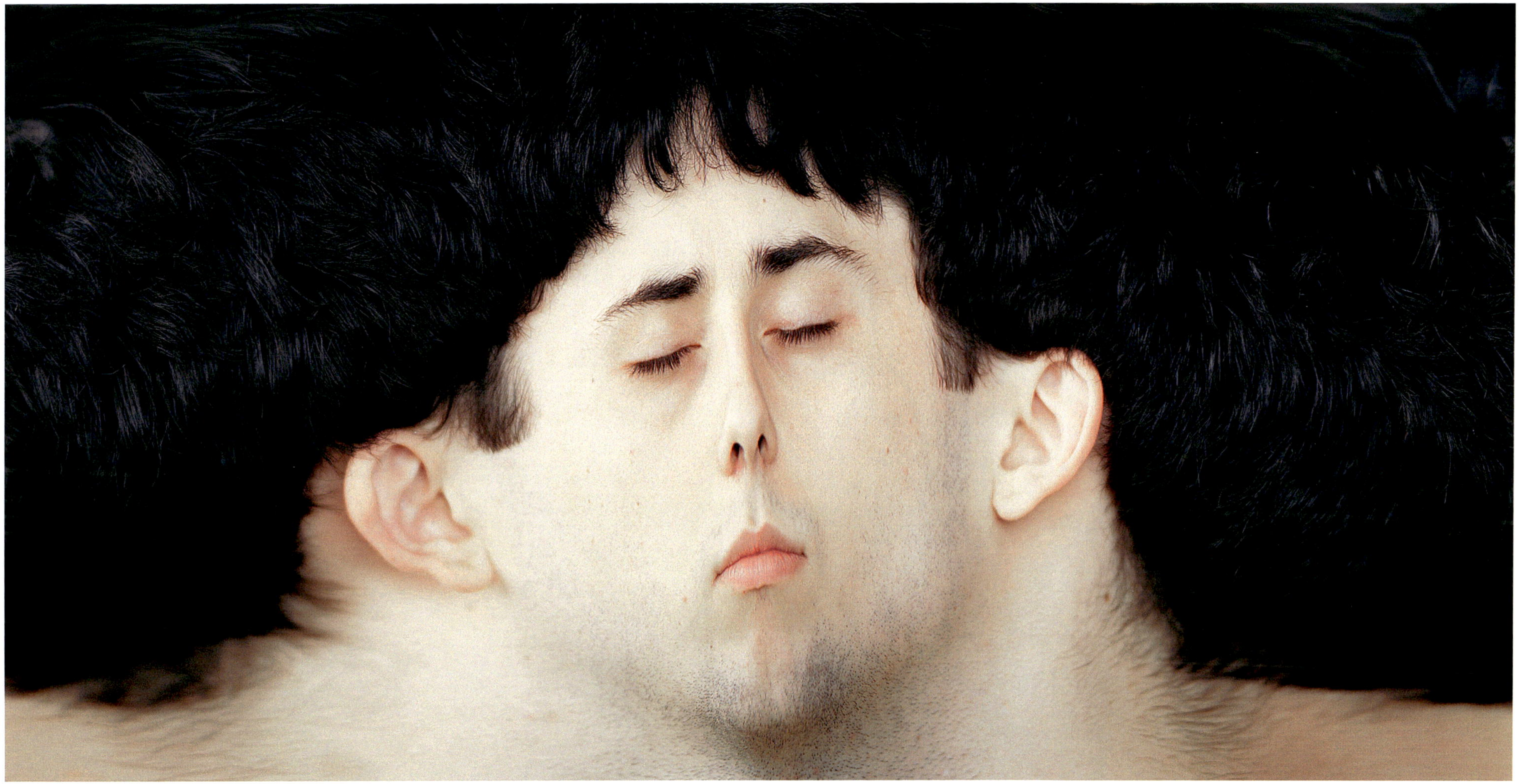

DIE MELANCHOLIE DER ERKENNTNIS, 2017

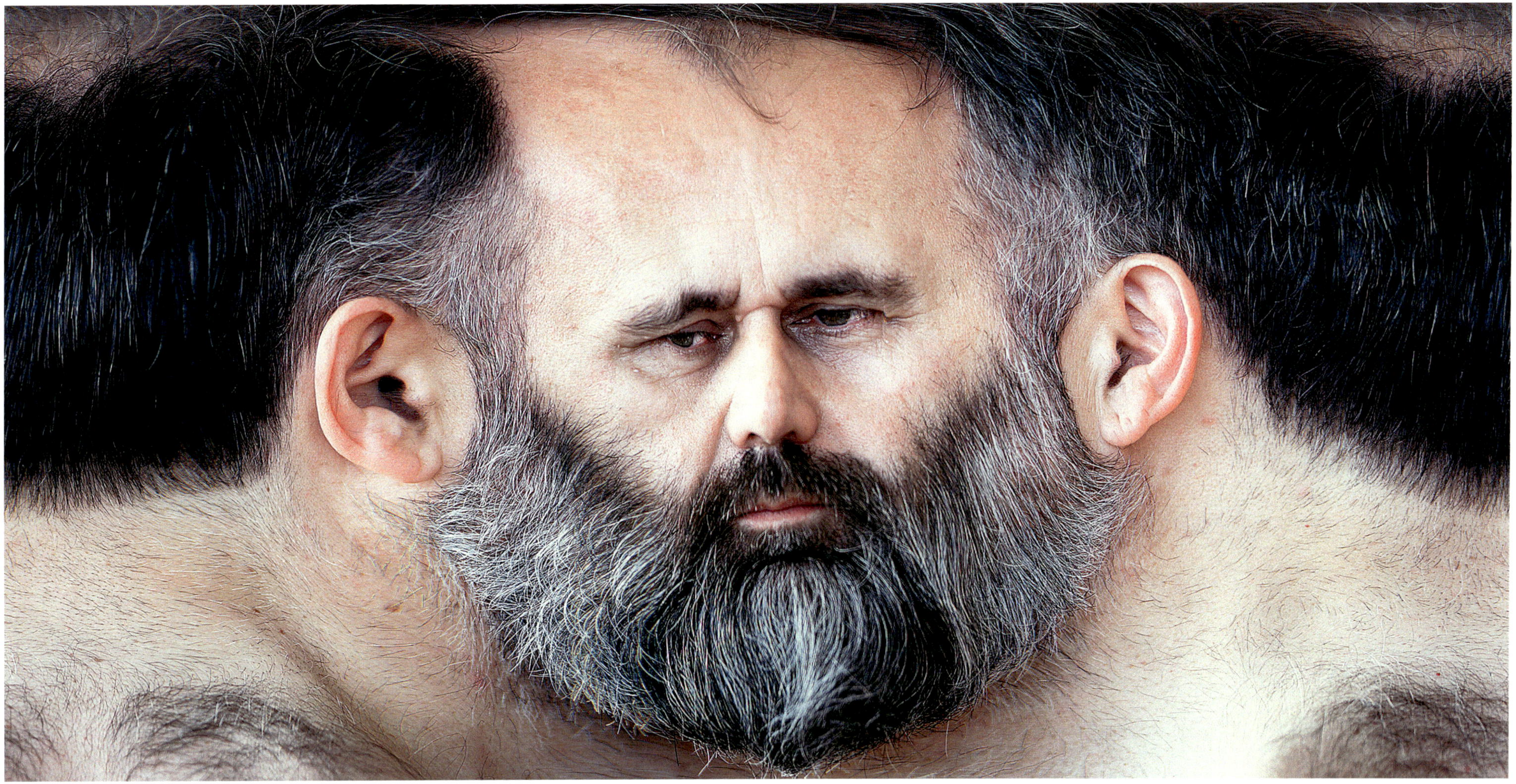

MEANTIME, 2016

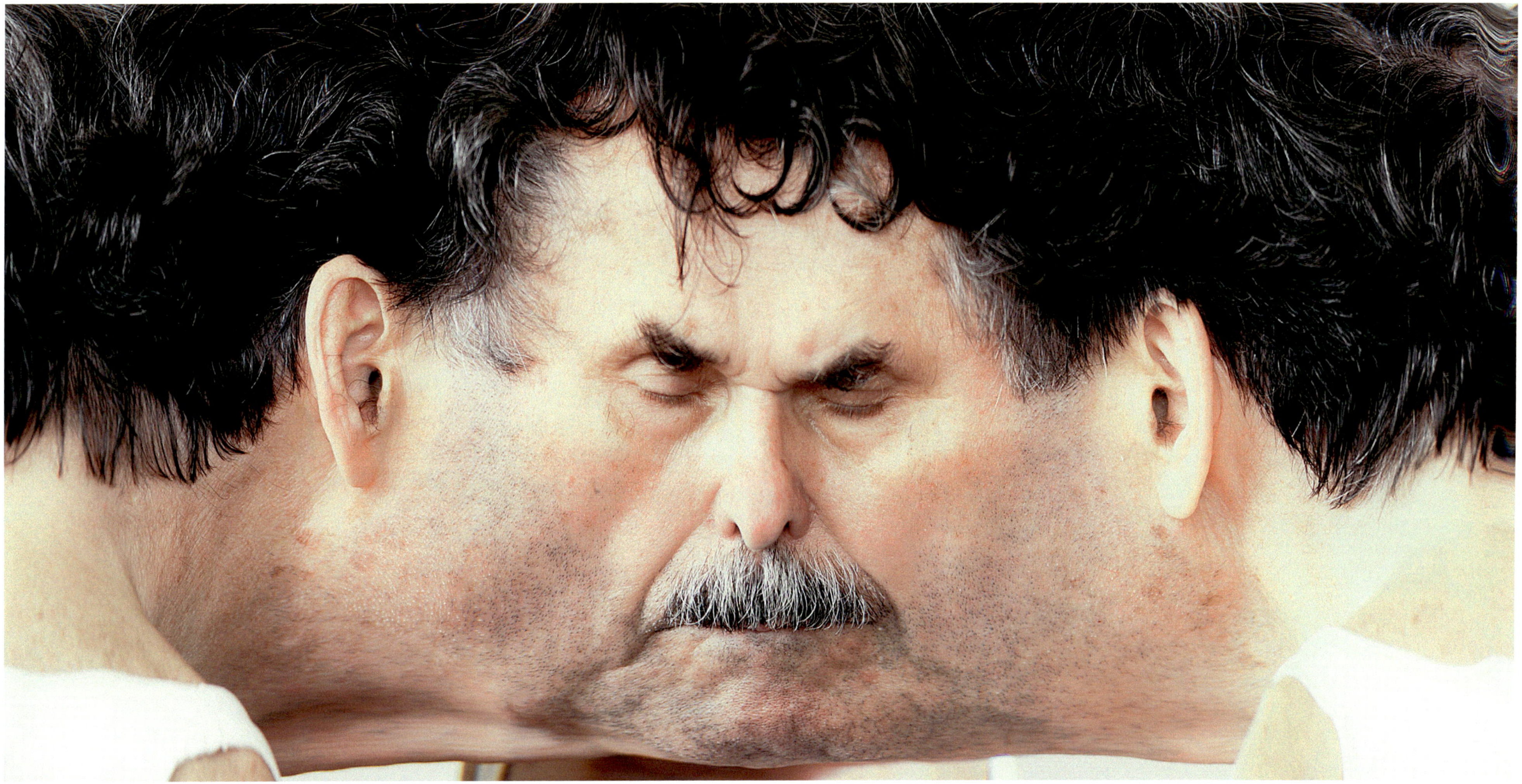

STRATUM, 2020

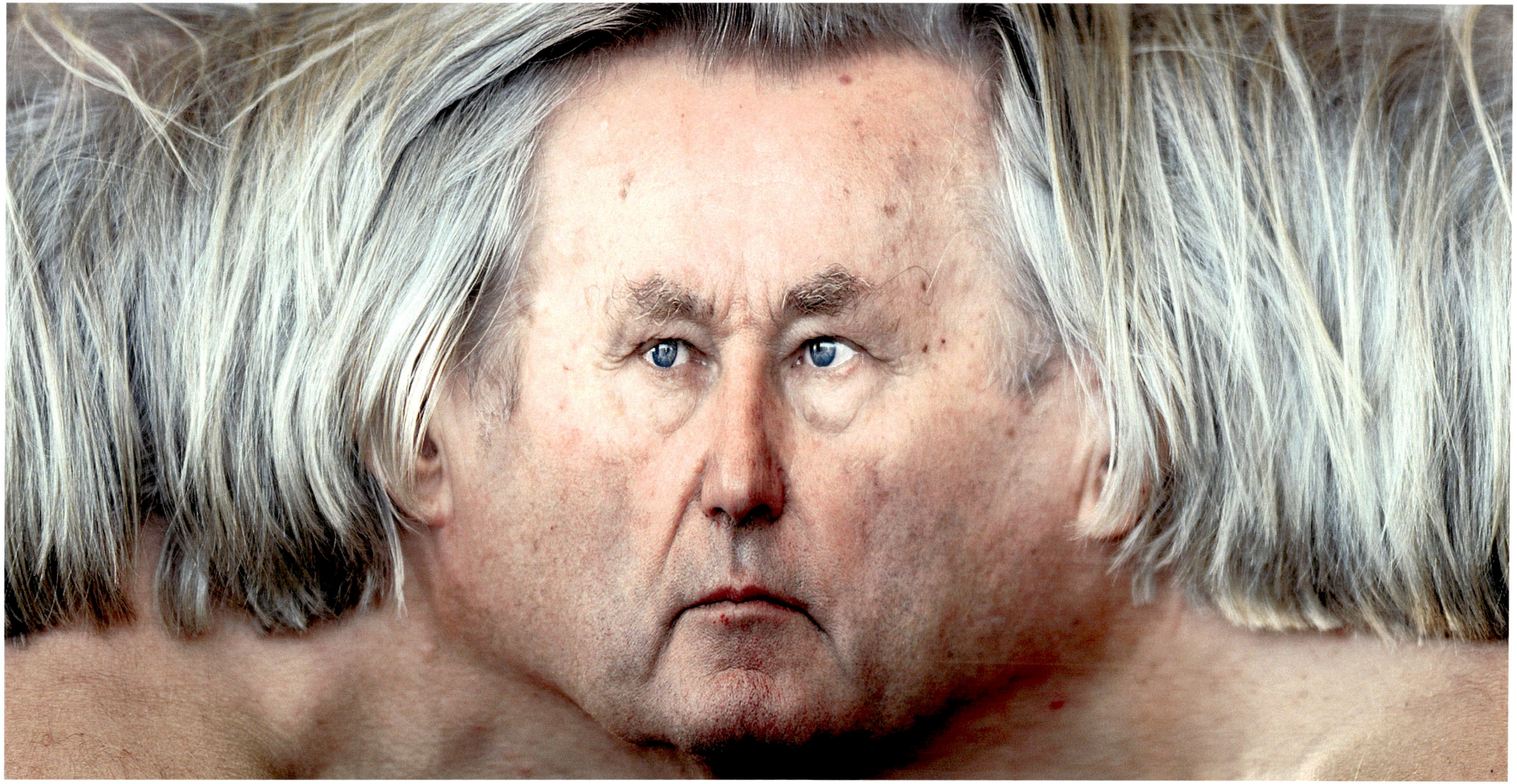

SIGNAL, 2017

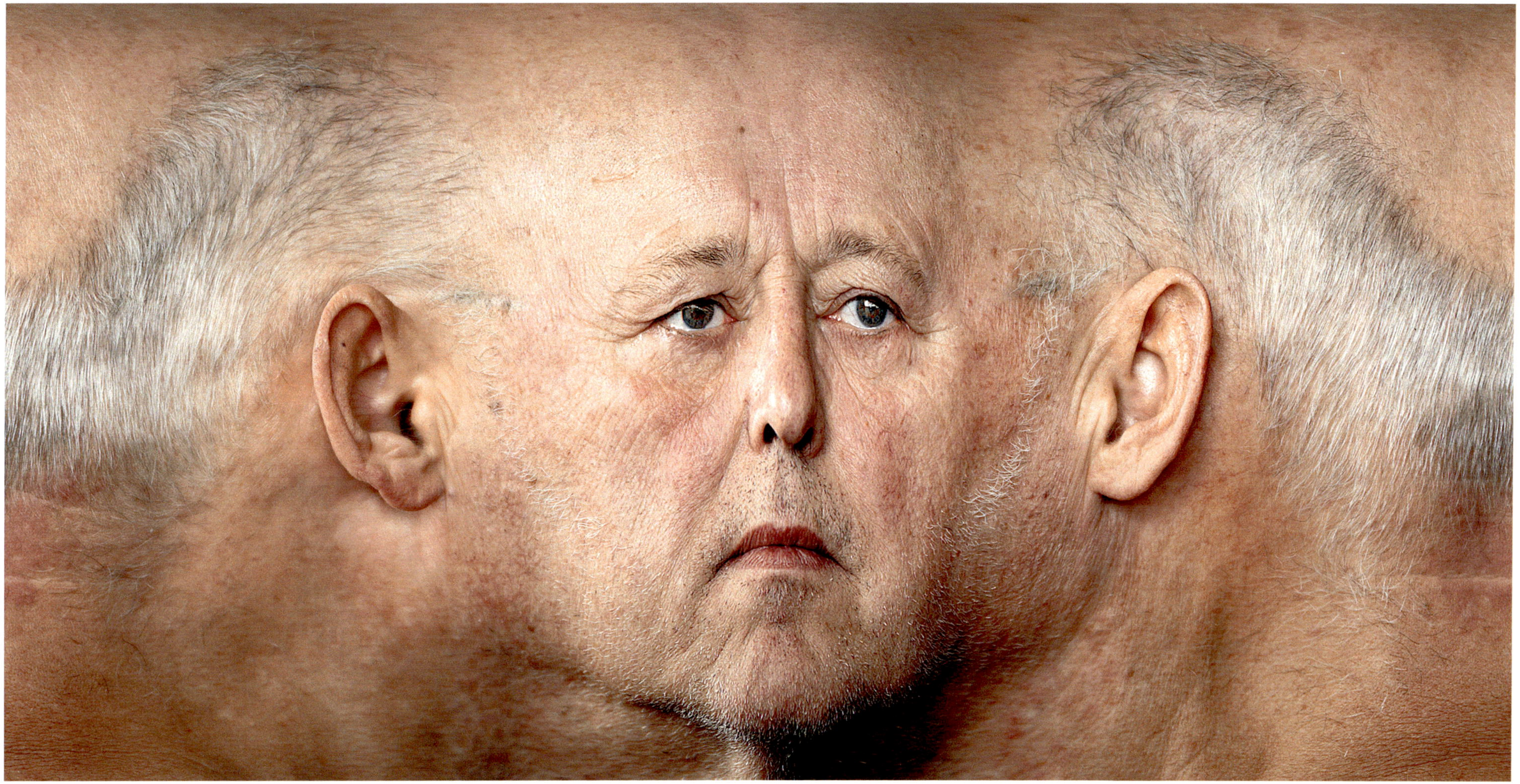

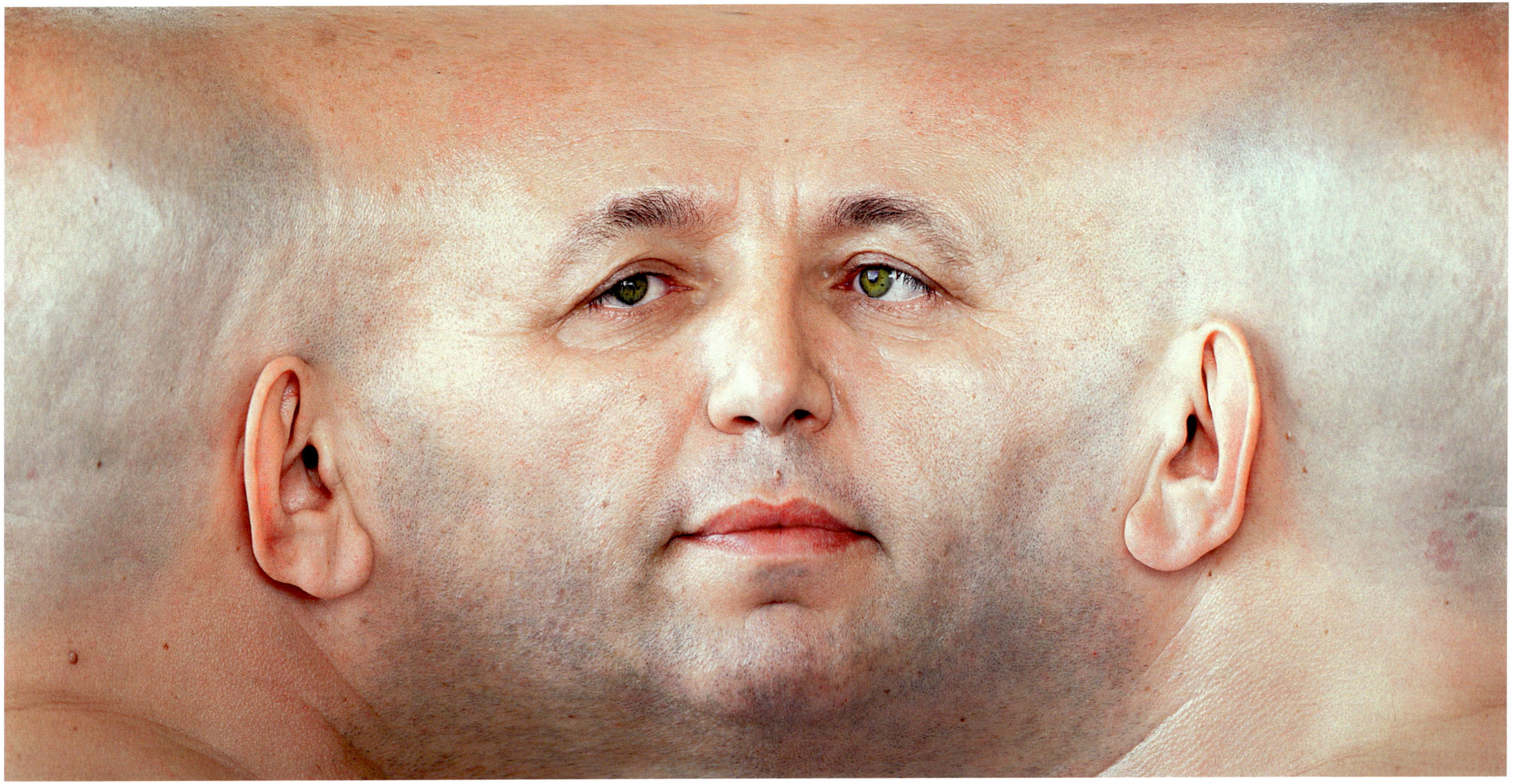

AT TENSION, 2017

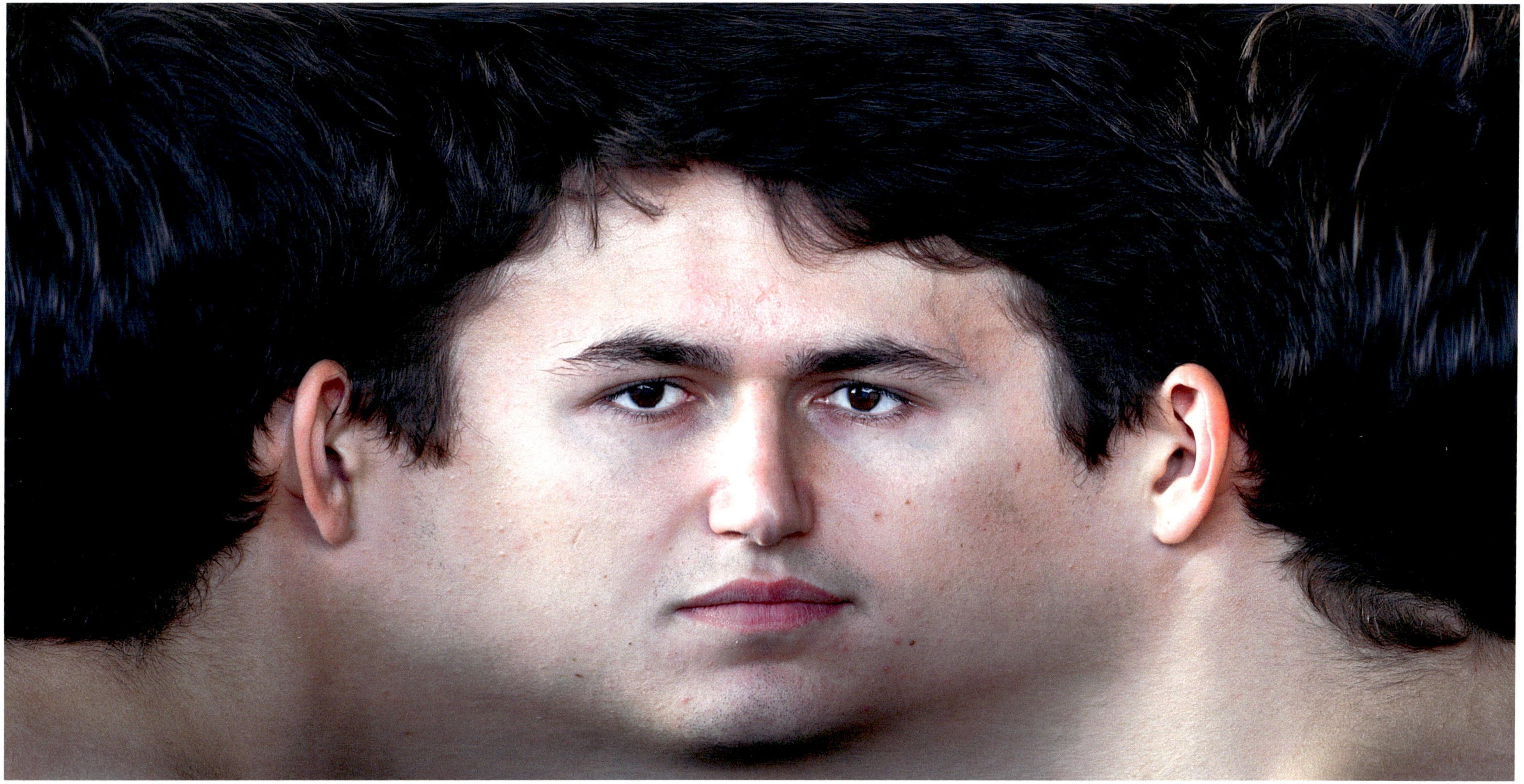

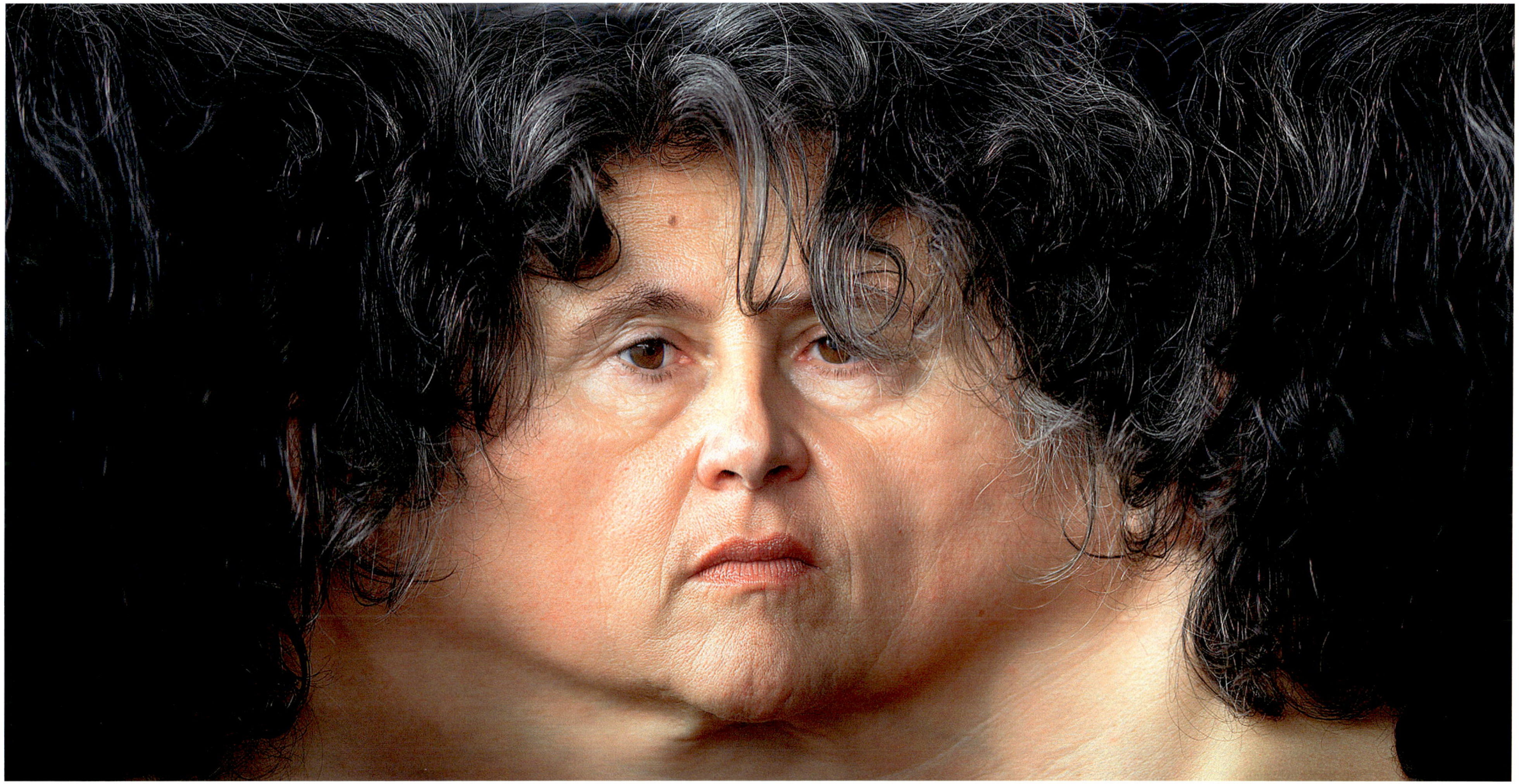

ÉLÉMENT DE RÉFLEXION, 2021

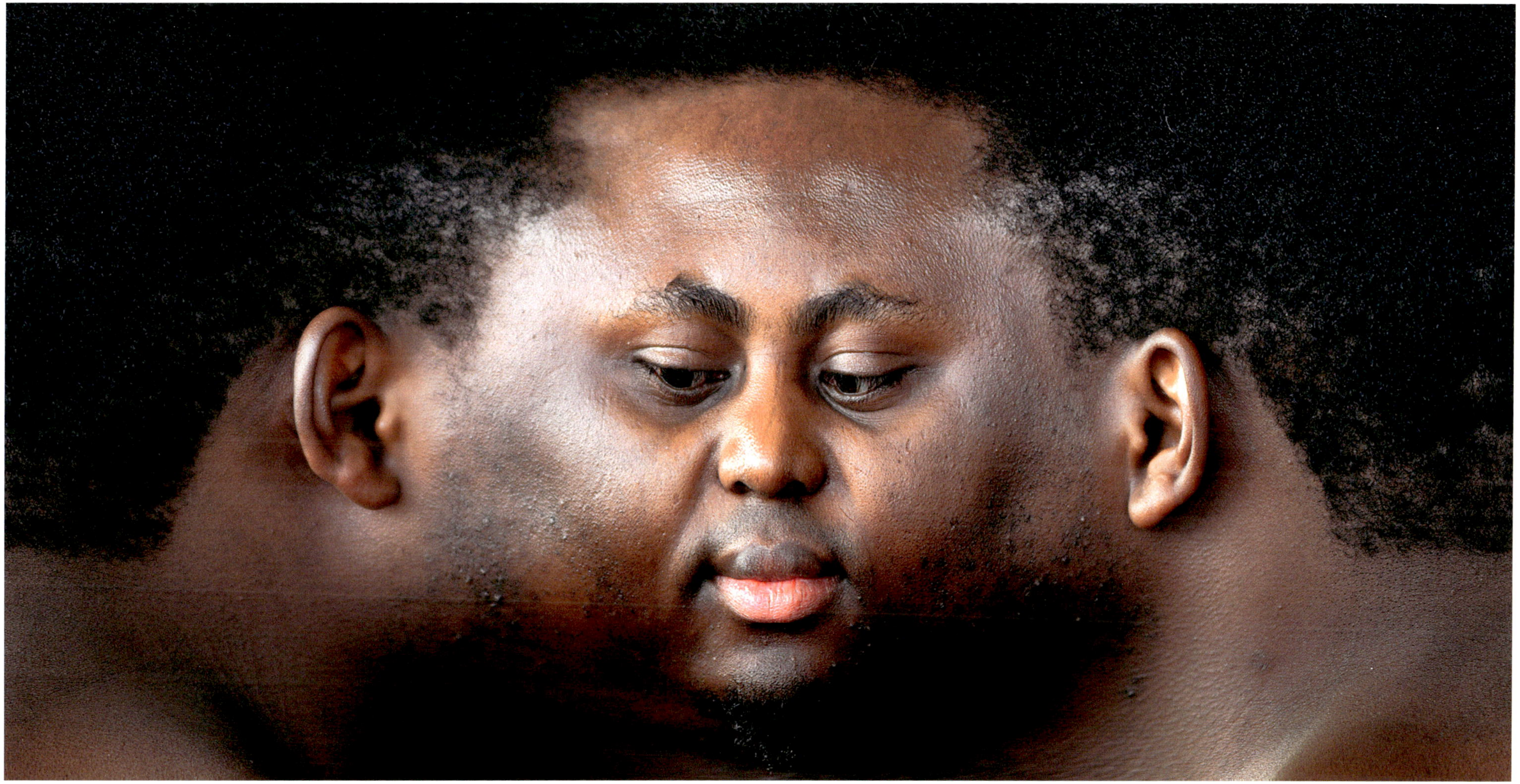

DIE DIKTATUR DES RESSENTIMENTS, 2017

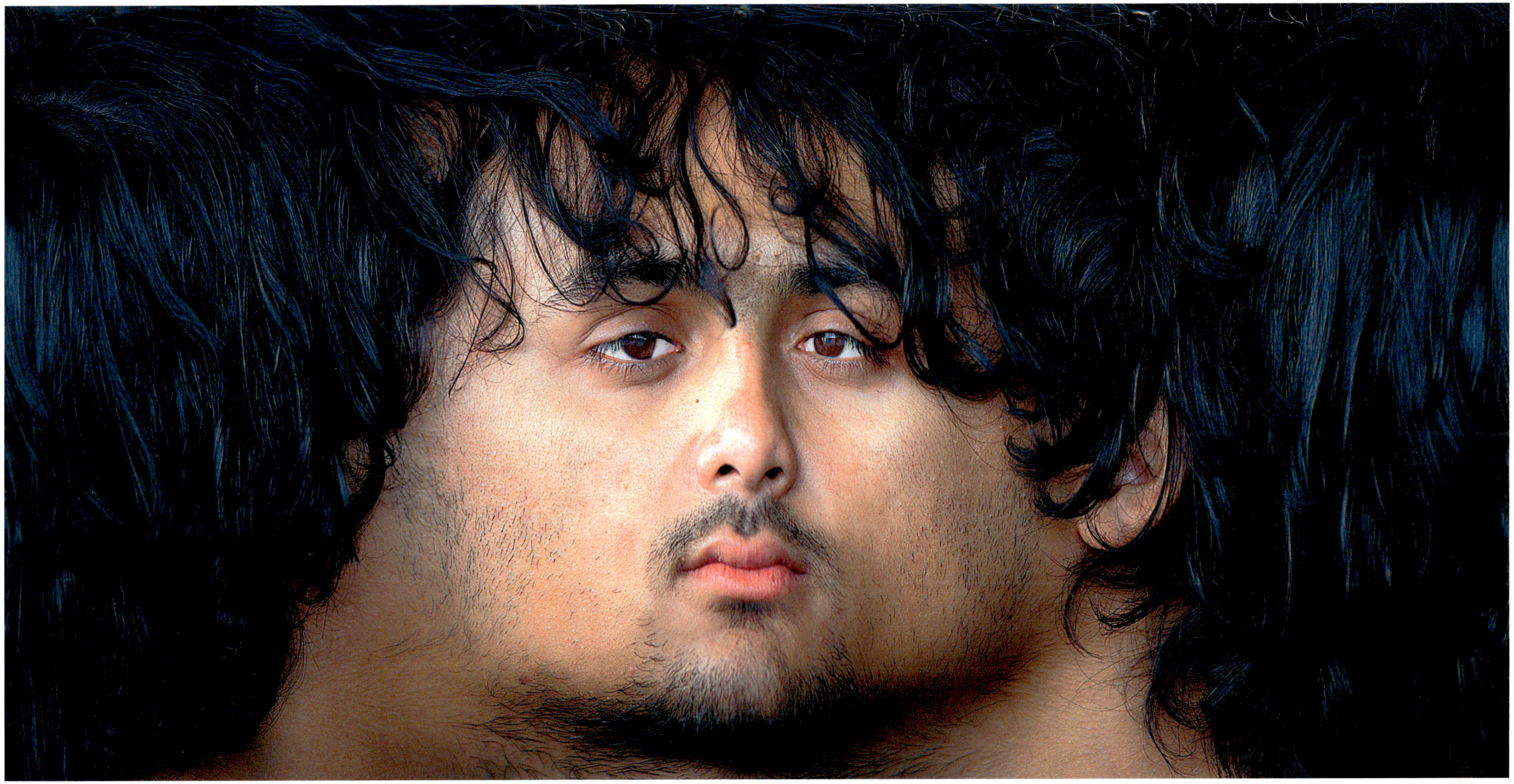

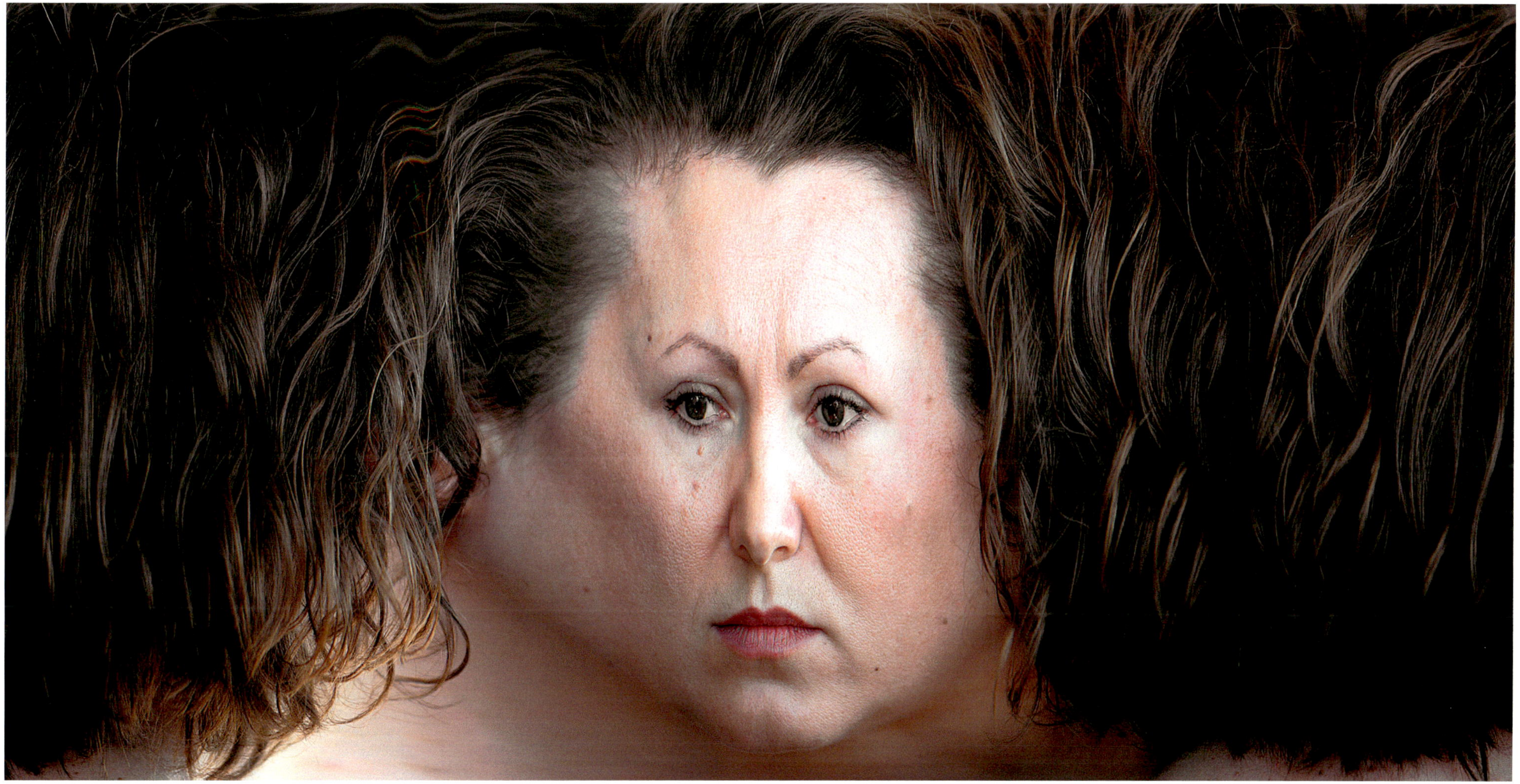

STRAIGHT A HEAD, 2018

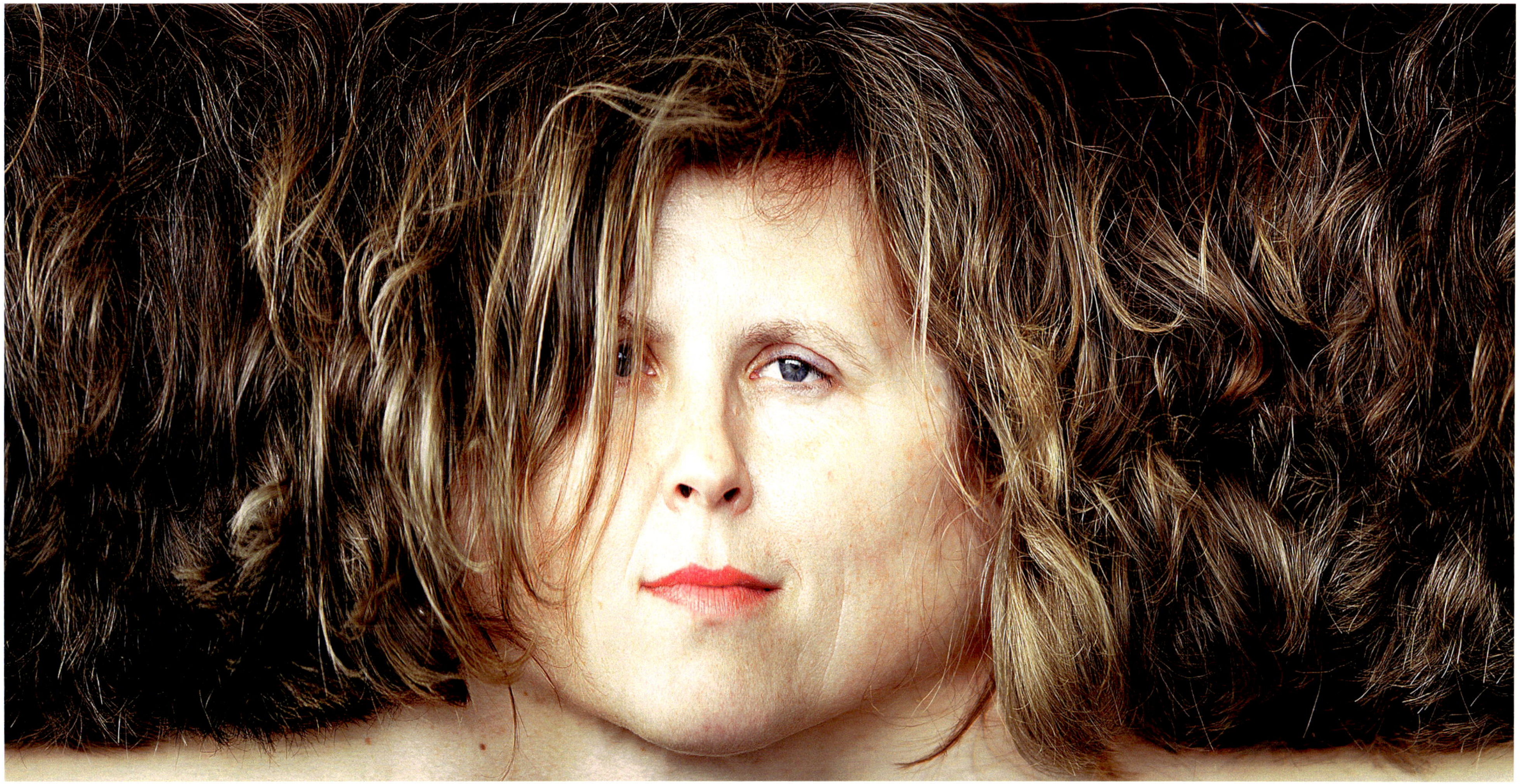

DIE CONTENANCE, 2019

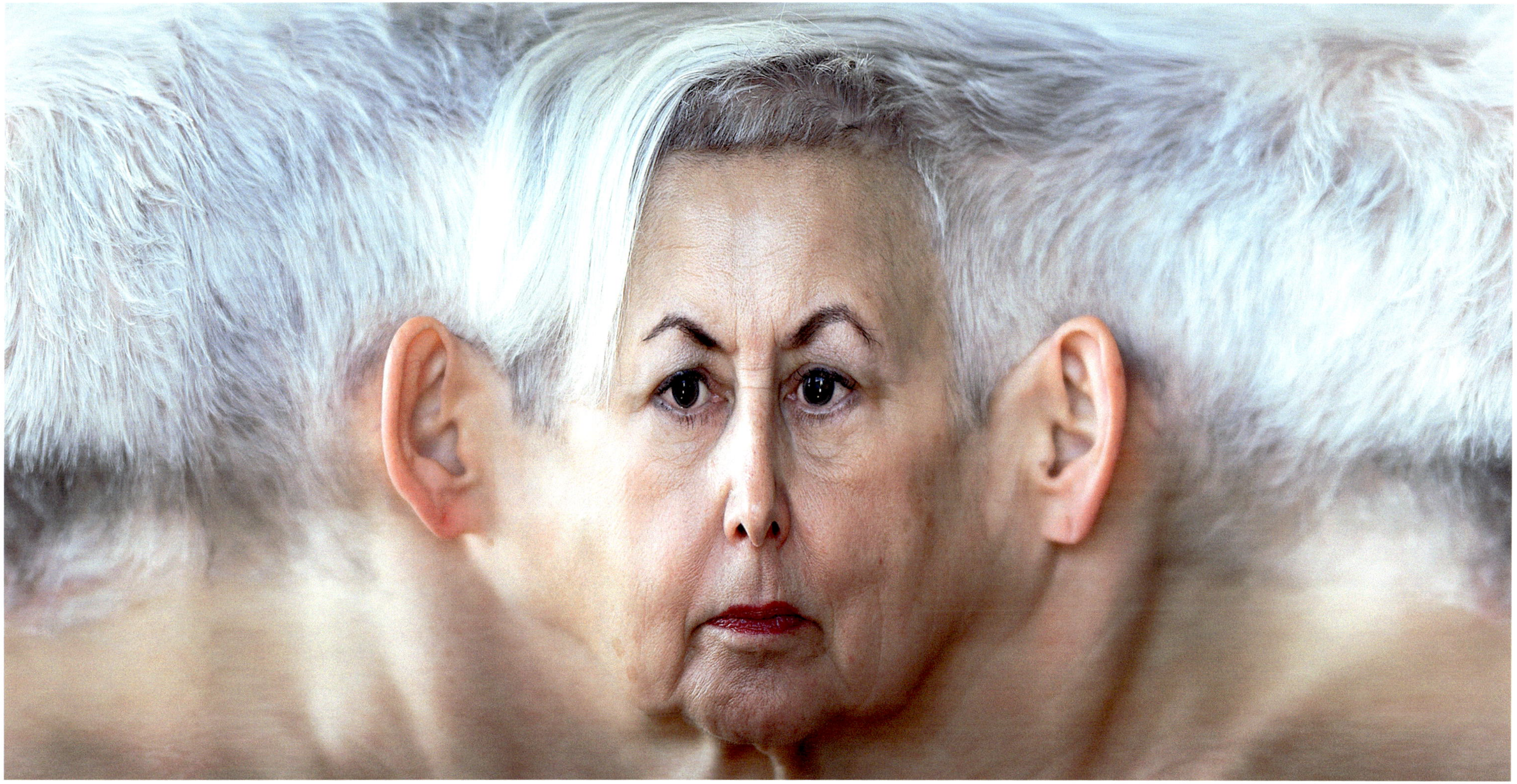

CONFIDENCE, 2019

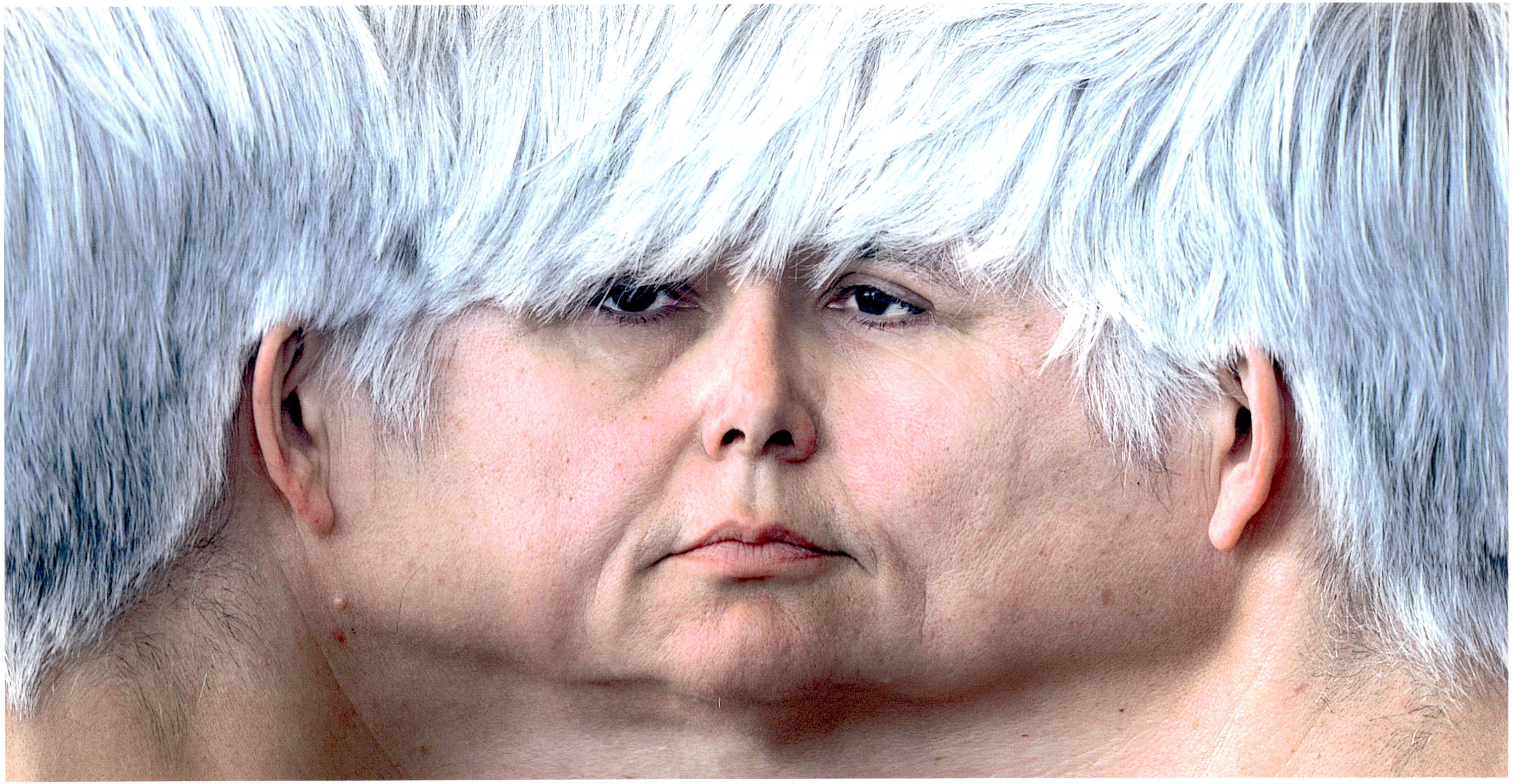

DAS GESCHENK, 2019

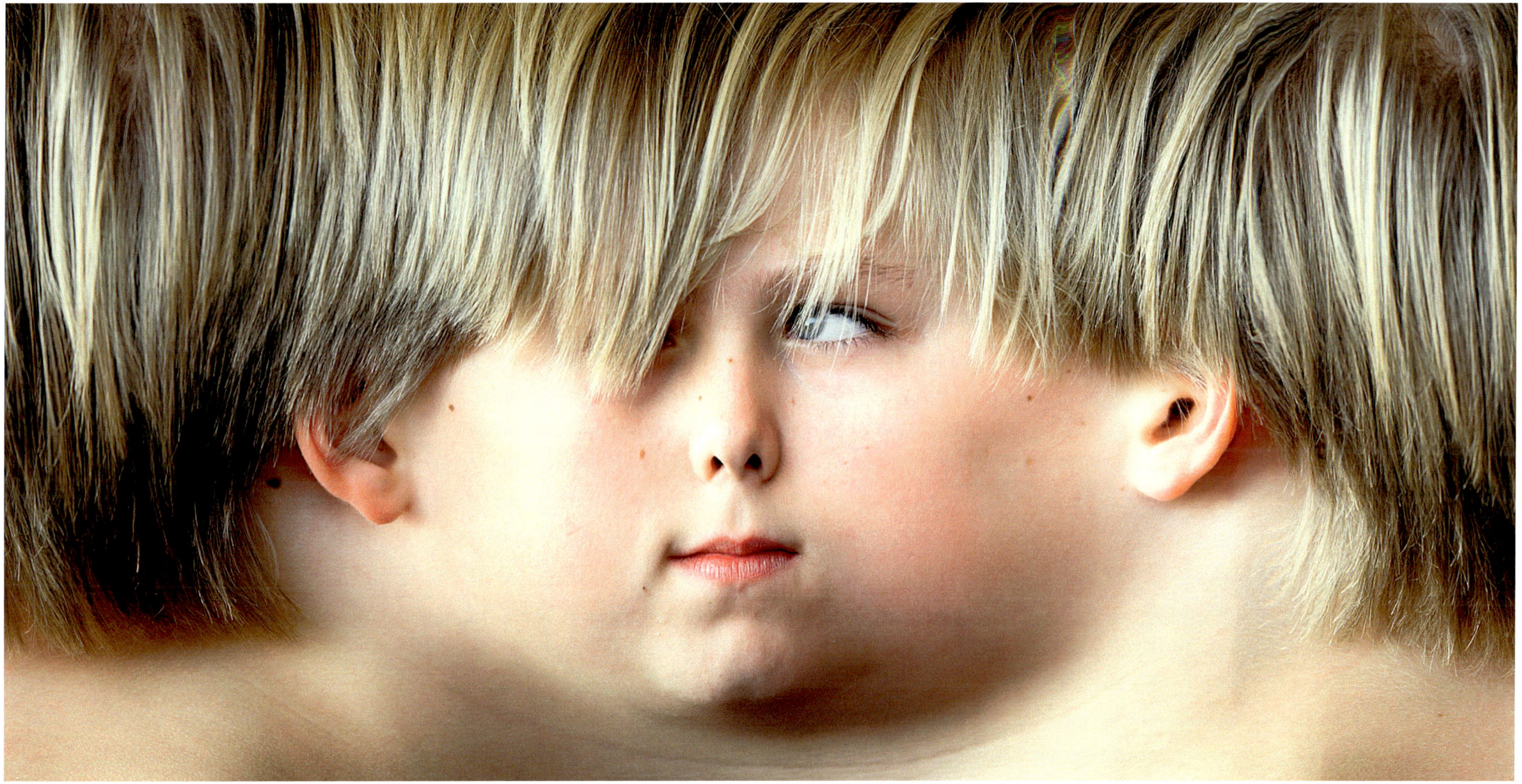

DIE FASZINATION DES UNERWARTETEN

Das fotografische Bewegungs-Bild als Kopfpanorama

Klaus Honnef

Die erste Begegnung mit den Bildern der Koschies verstört. Zumindest. Womöglich lösen die Bilder bei manchen sogar einen Schock aus. Bei mir, der Horrorfilme stets gemieden hat, provozierten sie spontane Fluchtgedanken. Nicht ansehen wollen! Warum assoziierte ich plötzlich die fürchterlichen Bilder der zerstörten Gesichter von Soldaten des Ersten Weltkriegs? Wenn doch faktisch nichts falscher ist, als eine derartige Verbindung herzustellen, und die bloße Anschauung nicht den geringsten Anlass dazu gibt? Das schiere Gegenteil ist der Fall. Denn anders als die Gesichter der unglücklichen Soldaten – damals hielt man diese Schwerstverwundeten unter Verschluss, um die Öffentlichkeit nicht zu erschrecken – sind die Gesichter in den Bildern des Künstlerduos Koschies unversehrt und vollständig. Vollständiger jedenfalls als die Gesichter in gewöhnlichen fotografischen und gemalten Porträts, die jeweils nur einen Teil von ihnen zeigen. Sei es die Vorderseite oder das Profil, sei es in höchstmöglicher Verdichtung die Dreiviertelansicht. Auch bloß ein fragmentarischer Aspekt.

Bei den Bildnissen der Koschies sind nicht allein die drei Teilansichten in einem einzigen Bild versammelt, sondern auch die abgewandte Seite, die Hinterköpfe. In der Bildkunst tauchen sie selten auf – bei Magritte gelegentlich oder Katharina Mayer, häufiger als Repoussoir-Figur in der Romantik. Die Modelle in den Bildern der Koschies haben sich vor der Kamera um die eigene Achse gedreht, von links nach rechts: Profil, Frontal- und Dreiviertelansicht sowie Hinterkopf in einem Bild. Rundumsichten, Kopfpanoramen. Der Begriff *Porträt* versagt hier als formale Definition.

Es ist der durch und durch ungewohnte Modus der Darstellung, der zunächst verstört oder schockiert, zugleich

THE FASCINATION OF THE UNEXPECTED

The Photographic Movement-Image as Head Panorama

Klaus Honnef

The first encounter with the pictures of the Koschies is disturbing. To say the least. Possibly in some people the pictures even trigger a shock. For me, always having avoided horror films, they provoked the immediate impulse to run away. I did not want to watch them! Why did I suddenly associate the horrible images of the destroyed faces of soldiers from the First World War, when in fact nothing is further from the truth than to make such a connection, and the mere act of perceiving them does not give the slightest cause for doing so? Quite the contrary, even. For unlike the faces of the unfortunate soldiers – at that time those most seriously wounded were kept hidden away so as not to frighten the public – the faces in the pictures of the artist duo Koschies remain undamaged and whole. More whole, at any rate, than the faces in ordinary photographic and painted portraits, which only show parts of them at a time. Be it the front or the profile, be it in the highest possible condensation of the three-quarter view. Merely a fragmentary aspect, too.

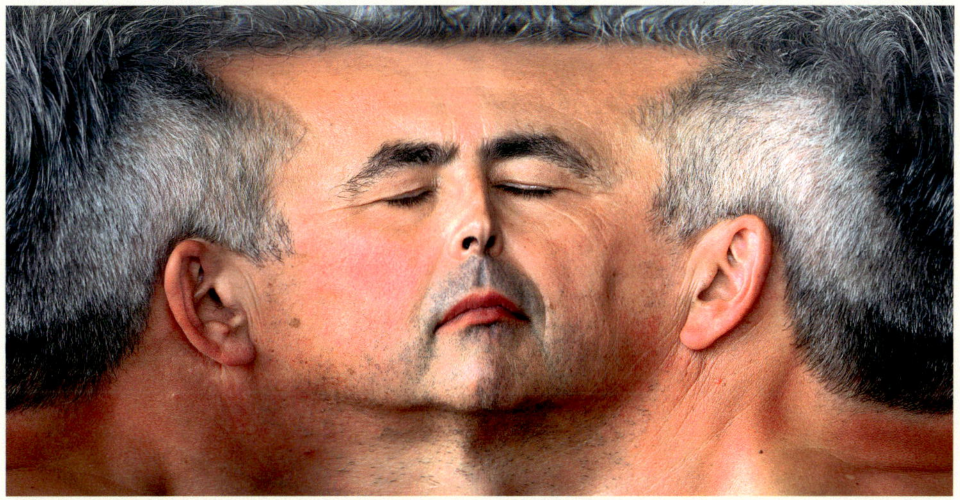

Koschies
DIE PHANTOME DES PYTHAGORAS
2018

In the images of the Koschies, not only the three partial views are gathered in a single image, but also the averted side, the backs of the heads. The latter rarely appear

die Neugierde forciert, einen zweiten, einen dritten Blick förmlich erzwingt und immer weitere. Vielleicht spielt auch die Faszination des Unerwarteten hinein, das vorderhand häufig als Horror oder Grauen wahrgenommen wird.

Die Neugierde steigert sich noch, wenn man erstens sieht, dass die Bilder rein fotografischen Ursprungs sind, inzwischen allerdings in dessen digitaler Version, und zweitens erfährt, dass sie nicht durch digitale Eingriffe in irgendeiner Weise manipuliert wurden. Dass sie sich also im Prinzip nicht von konventionellen Fotografien unterscheiden: *Straight Photography*.

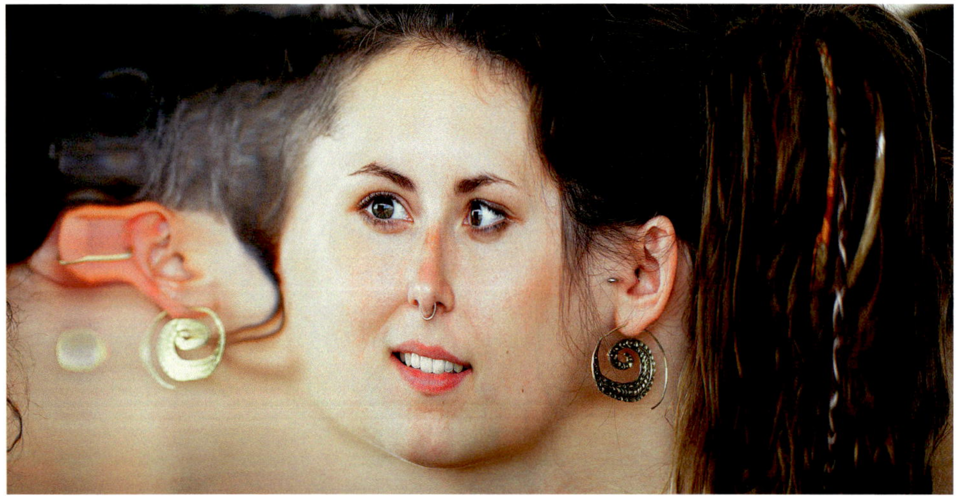

Koschies
L'ÂME DU CUBISME
2015

Wer mit der Geschichte der modernen Kunst vertraut ist, wird sich zum Vergleich Pablo Picassos komplexe Porträts in Erinnerung rufen. Auch sie begnügen sich bei der Visualisierung nicht mit einer ganz bestimmten Aufsicht, einem einzigen Gesichtspunkt – sei es von vorn, sei es von der Seite oder diagonal. Vielmehr mit allen möglichen Gesichtspunkten in einem Bild. Vor vielen Jahren hat man darüber Witze gerissen, weil Mund, Nase, Augen und Ohren nicht an ihrem gewohnten Platz zu finden sind.

Verzicht auf die zentrale Perspektive

Dennoch liefert der Hinweis auf die markanten Bildnisse des Malers lediglich Anhaltspunkte für die Orientierung der Betrachter. Gemeinsam ist den Bildnissen von Picasso und denen der Koschies die Basis des Bildkonzepts. Vor allem der radikale Verzicht auf die räumliche Perspektive fällt auf, jene subtile Methode der visuellen Welterschließung, die seit der Renaissance die westlichen Bildkünste regiert hat und die Fotografie noch unvermindert regiert. Anstelle der Zentralperspektive mit einem Fluchtpunkt sowie für die potenziellen Betrachter einem Standpunkt treten bei Picasso und den Koschies zahllose Perspektiven auf und verwirren den Blick. Er beginnt, sofort hin und her zu wandern, sucht Halt und findet ihn im Zentrum der Bilder: den ausdrucksstarken Augen und der profilierten Nase. Eine Fülle von Eindrücken und Reizen, die scheinbare Unübersichtlichkeit und in der Folge

in pictorial art. Occasionally in the works of Magritte or Katharina Mayer, more often as a repoussoir figure in Romanticism. The models in the pictures of the Koschies have spun around their own axis in front of the camera, from left to right: profile, frontal and three-quarter view as well as the back of the head in a single picture. All-round views, head panoramas. Considering this aspect the term *portrait* fails as a formal definition.

It is the thoroughly unfamiliar mode of representation that at first disturbs or shocks, while it simultaneously intensifies our curiosity – literally forcing us to take a second look, a third one and more. Perhaps the fascination of the unexpected, often initially felt as horror or dread, plays a role as well. The curiosity further increases when we see that the pictures are purely photographic in origin, albeit in their digital version by now, and then go on to learn that they have not been manipulated through digital intervention in any way. That in essence they are no different from conventional photographs: *Straight Photography.*
Anyone familiar with the history of modern art will recall Pablo Picasso's complex portraits as a point of reference. With their visualisation they do not make do with a particular perspective, a single point of view, either, be it frontal, sideways or diagonal. Instead, they utilize all possible points of view in one picture. Many years ago, people joked about mouth, nose, eyes and ears not being found in their usual places.

Renunciation of the Central Perspective

Nevertheless, the reference of the painter's striking portraits merely provides clues for the viewer's orientation. What Picasso's portraits and those of the Koschies have in common is the basis of the pictorial concept. The most striking thing about them is the radical renunciation of spatial perspective, that subtle visual method of trying to make sense of the world that has ruled Western visual arts since the Renaissance and is unabatedly ruling photography to this day. Instead of the central perspective with its vanishing point and, for the potential audience, a single point of view, countless perspectives appear in Picasso's and the Koschies' work and confuse the viewer's gaze. It begins to wander back and forth at once, looking for a foothold and finding it in the centre of the pictures, the expressive eyes and the profiled nose. An abundance of impressions and stimuli make the pictures seem disorienting and, as a consequence, provoke an understandable uncertainty. The result is a feeling of unsettlement, alike *being out of the picture.*

Yet this sensation would seem more likely to be appropriate in view of the homogeneous images with central-perspective organisation, intent as they are on uniformity, a structure in which everything has its fixed, immovable place and its unchanging relationship to the rest of the things. Which in reality can never be the case. Even if one wants to explore different viewing angles in front of the

eine verständliche Unsicherheit provoziert. Man ist irritiert und fühlt sich, als sei man nicht im Bilde.

Dabei wäre dieses Empfinden mit höherer Wahrscheinlichkeit angesichts der homogenen und auf Einheitlichkeit bedachten Bilder mit zentralperspektivischer Organisation angebrachter, wo jedes Ding seinen festen, unverrückbaren Platz und seine unveränderbare Beziehung zu den übrigen Dingen hat. Was in Wirklichkeit nie der Fall sein kann. Selbst wenn man vor den Bildern durch Eigenbewegung unterschiedliche Blickwinkel erkunden will, verändert sich ihr Platz nicht. Die perspektivischen Bilder halten ihre Betrachter auf Distanz und fundieren die Vorstellung von der Kluft zwischen Ich und Welt, Subjekt und Objekt. In Wahrheit sind die zentralperspektivischen Bilder nur auf Gott oder den König ausgerichtet. Wohingegen im nicht-perspektivischen Raum, wie Marshall McLuhan treffend schreibt, „jedes Ding einfach mitschwingt oder seinen eigenen Raum in visuell zweidimensionaler Form moduliert“[1]. In das Schwingen vermögen sich die Betrachter angesichts entsprechender Bilder problemlos einzufügen und mitzuschwingen, so dass die Distanz aufgehoben wird.

Das Bild als Partitur

Dabei ist die Entdeckung, dass sich im Mitschwingen ein Zeit-Moment offenbart, zwangsläufig – und dieses Zeit-Moment erfasst automatisch den Kopf und peu à peu den ganzen Körper der Betrachter. Unversehens wandeln die sich zu Mit-Akteuren. Und wie die Modelle die Prozedur der fotografischen Aufnahme nicht passiv über sich ergehen lassen wie die Modelle der frühen Fotografie, erfasst sie der *Swing*-Rhythmus. Picasso hat das Zeit-Moment durch die grafische und farbliche Gestaltung verdichtet, gleichsam auf den plausiblen Augenblick hin, der sich erst im Vorgang des aufmerksamen Sehens enthüllt. Das Bild fungiert als „Partitur“ (Markus Gabriel) für die Interpretation der partizipierenden Betrachter. Im Endeffekt korrespondiert Picassos künstlerische Idee mit der Technik der frühen Fotografie sowie der Studiofotografie, der Arbeit mit Groß- oder Mittelformat-Kameras, in der sich ebenfalls Zeit aufschichtet. Wohingegen die Moment-Aufnahme einen flüchtigen Augenblick aus dem Verlauf der Zeit herauszuschneiden und zu isolieren scheint. Die Modelle der fotografischen Pioniere sengten sich während der längeren Zeitspanne der Aufnahmeprozedur förmlich in die chemisch präparierte Substanz des fotografischen Materials ein. Die Zeit als solche bleibt unsichtbar.

Die Koschies verwenden für ihre Bilder keine der Kameras, die bei der Herstellung der Bilder konventioneller Fotografie zum Zuge kommen, sondern eine Schlitzkamera aus den 1960er Jahren. Diese Kameras werden unter anderem in der Wissenschaft, im Sport und in der Raumfahrttechnik eingesetzt, um Zeit- und Bewegungsabläufe unanfechtbar optisch zu dokumentieren.

pictures by moving around on one's own, their place does not change. The perspectival pictures keep their viewers at a distance and substantiate the idea of the gap between ego and world, subject and object. In fact, the central-perspective images are only focused on God or the king. Whereas in non-perspective space, as Marshall McLuhan aptly writes, "each thing simply resonates or modulates its own space in visually two-dimensional form."[1] In the face of corresponding images, the viewers are able to easily insert themselves into this oscillation and resonate with it, so that the distance is eliminated.

The Picture as a Musical Score

The discovery of a temporal moment being revealed in the resonance is inevitable – and this moment in time automatically seizes the viewers' head and, bit by bit, their entire body. Unawares, they become co-actors. And since the models, unlike those of early photography, do not passively endure the photographic procedure, a *swinging* rhythm takes hold of them. Picasso condensed the moment of time by means of graphical design and the composition of colour, equally towards that plausible moment, so to speak, which only reveals itself in the process of attentive viewing. The picture functions as a "musical score" (Markus Gabriel) to be interpreted by the participating viewers. Ultimately, Picasso's artistic idea corresponds with the technique of early photography as well as studio photography using large or medium format cameras – in which time is also being piled up. In contrast, the snapshot seems to cut out and isolate a fleeting moment from within the passage of time. During the prolonged period of the shooting procedure, the models of the photographic pioneers positively singed themselves into the photographic material's chemically prepared substance. Time as such remains invisible.

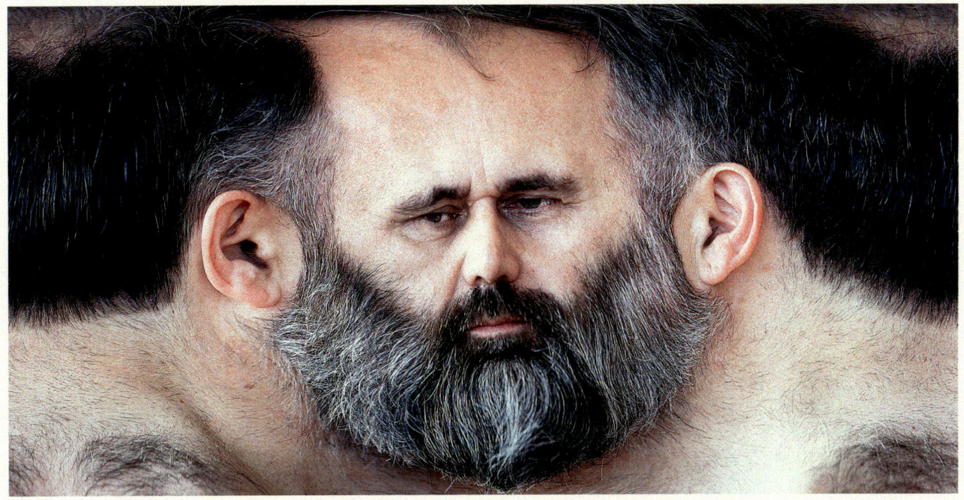

Koschies
DIE MELANCHOLIE DER ERKENNTNIS
2017

For their pictures, the Koschies do not use any of the cameras that are involved in producing the images of conventional photography, but rather a time-slit camera from the 1960s. These cameras are used, among other applications, in science, sports and astronautics to incontestably

1990 begann das Künstlerpaar mit der anspruchsvollen Schlitzkamera zu experimentieren. Es ist ein fotografischer Apparat ohne Verschluss hinter dem Objektiv mit einem extrem schmalen senkrechten Schlitz. Dahinter rollt kontinuierlich ein Film ab, von links nach rechts. Anstelle des Films verrichtet heute ein elektronischer Speicher die Aufzeichnung. Auf den aus diesem Verfahren resultierenden Langzeitbelichtungen wird nur das erkennbar abgebildet, was sich vor der Kamera in gleicher Geschwindigkeit vorbeibewegt. Der chronologische Vollzug, der sich in den fotografischen Porträts des 19. Jahrhunderts in das Abbild zwar unsichtbar, vielleicht aber in gewissem Sinne fühlbar, einschmolz, fächert sich je nach Bewegungsintensität der Modelle vor der Kamera in den Bildnissen der Koschies facettenartig auf.

Korrespondenzen zur figurativen Malerei

Mit ihren Aufnahmen öffnen die Künstler im Grunde eine Büchse der Pandora. Denn diese Bildnisse passen nicht in die Schemata der kursierenden fotografischen Theorien – falls sie überhaupt als Fotografien anzusprechen sind. Die verschiedenen Definitionen des Porträts sprengen sie ohnehin. Es sind weder Bildnisse im Licht der Renaissance, noch klassische Repräsentationsporträts oder psychologische Bildnisse in der bürgerlichen Tradition, noch sind sie irgendwie verwandt mit den zeitgenössischen Selfies. Neben den Bezügen zur Kinematografie und zu ihren fotografischen Vorläufern, den Experimenten der fotografischen Pioniere Eadweard Muybridge, Étienne-Jules Marey und Ottomar Anschütz, zeichnen sich aber auch Korrespondenzen zur modernen figurativen Malerei ab, nicht nur zu Picasso. Francis Bacons konturlose, gleichsam in der Bildfläche zerfließende Porträts wären in diesem Zusammenhang erwähnenswert. Manche erinnern an die voluminösen Bildnisse von Fernando Botero. Andere an imaginäre Märchenfiguren.

Wahrscheinlich erzeugt der Bruch mit diversen vorherrschenden ästhetischen Kategorien der Bildkünste das wahrhaftig Verstörende der Bilder. Darin verbirgt sich des Pudels Kern. Die Bilder haben die Koschies zu einem Zyklus unter der Bezeichnung *Surfaces* zusammengestellt. Der Begriff bezeichnet die Oberfläche eines Bildes; daneben auch das Phänomen der Untiefe. Im verwendeten Plural betont die Bezeichnung das Wort *Faces* (Gesichter), aber besondere Gesichter, nämlich *Sur-Faces*. Es sind zwar die Gesichter von Menschen wie du und ich, doch in einer nie vorher erblickten Darstellungsform. Sie sind nicht unbedingt – wie geläufige fotografische Bildnisse – auf prompte Wiedererkennbarkeit ausgelegt. Dennoch ohne Schwierigkeit identifizierbar, sofern der erste Schock nicht den klaren Blick durchkreuzt.

Die Dimension der Zeit

Obwohl die Dimension der Zeit in den Bildern der Koschies unübersehbar ist, scheint sie mir nicht das wirklich Aus-

document time and motion sequences by optical means. In 1990, the artist couple began experimenting with the sophisticated time-slit camera. It is a photographic apparatus that has no shutter behind the lens but an extremely narrow vertical slit instead. Behind it, a film continuously rolls from left to right. Today, instead of film, an electronic memory handles the recording. On the long exposures resulting from this process, only that which passes in front of the camera at a speed equal to that of the recording inside it is recognisably depicted. In the images of the Koschies, the chronological process, which in the photographic portraits of the 19th century used to melt into the image invisibly, albeit in a certain sense tangibly, fans out in a multi-faceted way, depending on the intensity of the model's movement in front of the camera.

Correspondences to Figurative Painting

With their recordings, the artists essentially open a Pandora's box. For these images do not fit into the schemes of the prevailing photographic theories – if they are to be addressed as photographs at all. At any rate, they shatter the various definitions of the portrait. They are neither portraits in the light of the Renaissance, nor classical representational portraits, nor psychological portraits in the bourgeois tradition, nor are they in any way related to contemporary selfies. In addition to the references to cinematography and its photographic precursors – the experiments of photographic pioneers Eadweard Muybridge, Étienne-Jules Marey and Ottomar Anschütz – correspondences to modern figurative painting emerge, not only to Picasso. Francis Bacon's contourless portraits, seemingly melting into the canvas, are worth mentioning in this context. Some of the Koschies' images are reminiscent of the voluminous portraits of Fernando Botero. Others of imaginary figures from fairy tales.

The truly disturbing thing about the images is probably caused by the break with various prevalent aesthetic categories of the visual arts. That is the gist of the matter. The Koschies have assembled the pictures in a cycle called *Surfaces*. The term refers to the surface of a picture;

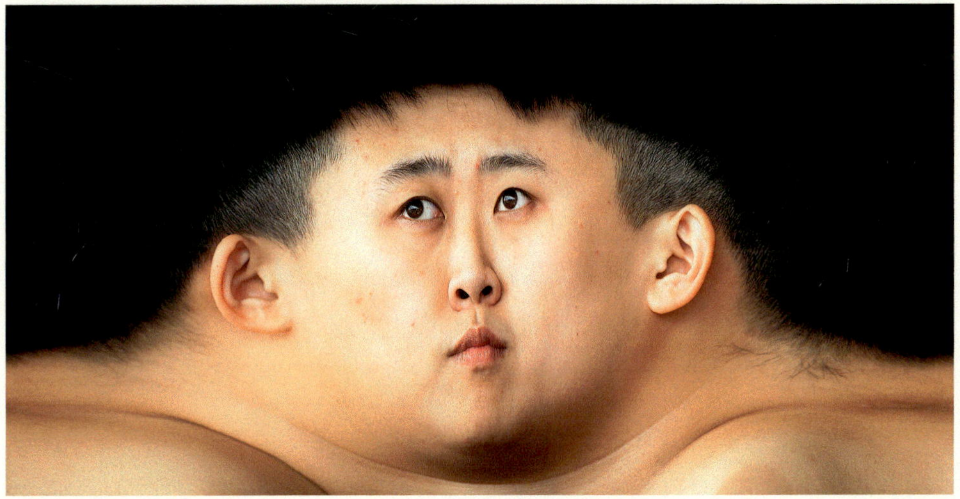

Koschies
ABOVE
2019

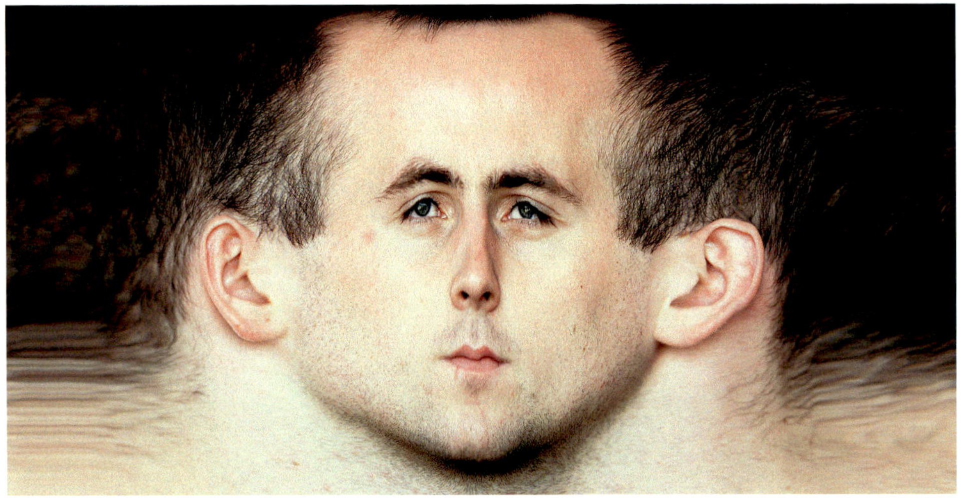

Koschies
TERRAIN DER ZEIT
2015

schlaggebende ihrer Kunst zu sein. So zögere ich, die Bildnisse nach Gilles Deleuzes Definition in seinem Doppelband über das Kino als „Zeit-Bilder"[2] zu apostrophieren. Die Charakterisierung als „Bewegungs-Bilder"[3] wäre angemessener mit einem gewissen Nachdruck auf die Kategorie des Wahrnehmungsbildes – indes ebenfalls nur mit Vorbehalten. Im Gegensatz zu den konventionellen fotografischen Bildern fehlt ihnen der Raum. Genauer, der euklidische, mathematische Raum, der dem Flächenbild eine illusionistische Tiefe verschafft. In der Bildkunst stufte Erwin Panofsky die Perspektive zu Recht als *symbolische Form* ein. Nichtsdestoweniger hat jedes Gesicht in den Bildern der Koschies sein eigenes schwingendes Volumen, Schatten und Licht modulieren es subtil auf flächigem Grund, eingebettet in einem *Meer* von Haaren. Sie gewinnen durch die spezifische Abbildung geradezu eine physische Qualität. Die Bilder sind vollkommen perspektivlos, aber plastisch – und suggerieren Volumen. Die Zeit verändert den Raum, durchwirkt ihn. Die Bilder der Koschies organisieren sich auf keinen Fluchtpunkt hin, sondern ereignen sich wie die Bilder der modernen *abstrakten* Malerei restlos in der Fläche. Sichtbar wird die Zeit durch die Kopfbewegung der Modelle vor der Kamera. Sie führen zu breit ausladenden Gesichtern mit nach links und rechts in die Fläche *gebogenen* Ohren in Seitenansicht, und der Hals wird zu einem mächtigen Sockel. Viele Modelle zirkeln ihre Kopfbewegungen so präzise ab, dass sich im visuellen Resultat Profil sowie die Frontal- und zahllosen Schrägsichten *in einem Zug* zeigen. Die Modelle sind genuine Mit-Autoren.

Insofern hinken alle Vergleiche mit dem Kino, dessen „Zeit-Bilder" sich in der ständigen Aktualisierung des Spiel-Raums realisieren. Trotz der perspektivischen Struktur der schnell aufeinander folgenden Einzelkader mobilisiert eine agile Kamera unaufhörlich eine Vielzahl von Blickwinkeln, wie etwa bei Michelangelo Antonioni. In seinen Filmen äußert sich die Zeit gleichermaßen als physiologischer Faktor sowohl bei den Rollenfiguren der Schauspieler als auch bei den Zuschauern vor der Leinwand oder dem Fernsehschirm.

beyond that, to the phenomenon of immersion. Employed in its plural form, the emphasis lies on the word *faces*, but special faces, namely *sur-faces*. They are indeed the faces of people like you and me, yet in a form of representation never seen before. They are not necessarily – like common photographic portraits – designed to be instantly recognisable. Nevertheless, they can be identified without difficulty, in as far as the first shock does not thwart the clear view.

The Dimension of Time

Although the dimension of time is obvious in the Koschies' pictures, it does not seem to be the truly decisive aspect of their art. Thus, I hesitate to apostrophise the images as "time-images"[2] according to Gilles Deleuze's definition in his double volume on cinema. The characterisation as "movement-images"[3] would seem more appropriate, with a certain emphasis on the category of the perceptual image – but I wouldn't use it without any reservations, either. Unlike conventional photographic images, they lack space – more precisely, the Euclidean, mathematical space which gives the surface-image an illusionistic depth. In pictorial art, Erwin Panofsky rightly classified perspective as *symbolic form*. Nevertheless, each face in the pictures of the Koschies has its own oscillating volume, while shadows and light subtly modulate it on a planar ground, embedded in a *sea* of hair. They gain a near physical quality through their specific depiction. The images are completely devoid of perspective – and yet they seem plastic and suggest volume. Time changes space, interpenetrating it. The Koschies' pictures do not organise themselves towards a vanishing point but – like the pictures of modern *abstract* painting – take place entirely in the plane dimension. Time is rendered visible by the movements of the model's head in front of the camera. They lead to broadly projecting faces, laterally viewed ears *bent* left and right into the surface, while the neck becomes a powerful pedestal. Many models circulate their head movement with such precision that the visual result shows their profile as well as their frontal and countless oblique views *in a single stroke*. The models are genuine co-authors.

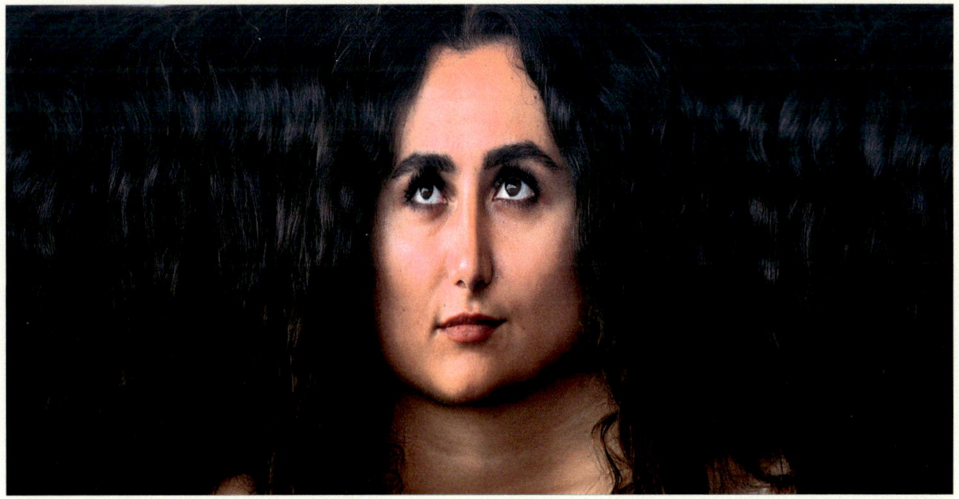

Koschies
THINGS TO COME
2017

Neues visuelles Terrain

Die Koschies betreten im Vergleich zum Kino und zur herkömmlichen Fotografie neues visuelles Terrain. Optisch nähern sie es den Erscheinungsweisen der Malerei an, ohne den Boden des Fotografischen zu verlassen. Tatsächlich erweitern sie das Darstellungsspektrum der Bildkünste, indem sie im fotografischen Bild die mathematisch-geometrische Dimension des perspektivischen Raums durch eine Art quantenphysikalisches Gefüge ersetzen. Dadurch passen sie ihre Bildnisse den aktuellen Wahrnehmungsmodi der Spätmoderne an. Ist nicht die Raum-Zeit der längst durch zahlreiche Experimente verifizierten Relativitätstheorie Einsteins gekrümmt?

Es geht auch einfacher: Wenn wir, die Betrachter, uns ein Bild von der Welt machen, deren unverbrüchlicher Teil wir sind, um uns zu orientieren und ein Urteil *zu bilden*, geschieht das nicht mit dem starren Blick der fotografischen Kamera, sondern mit den dynamischen Blicken der Augen und ihrer direkten Verbindung zu Gehirn und Zentralnervensystem. Die Bilder der Koschies reflektieren auf die Wahrnehmung der Realität und nicht auf ihre konventionelle fotografische Wiedergabe.

So wie seinerzeit die impressionistischen Bildformen für die Wahrnehmung der akademisch geschulten Kunstbetrachter einen Schock bedeuteten, wirken die Bilder des Künstlerduos wie eine massive Herausforderung für die visuell und vorwiegend fotografisch imprägnierten Augen der spätmodernen Adressaten. Sie brechen nicht nur mit ihren verfestigten Sehgewohnheiten, sondern erproben sie durch ungewohnte und weitgehend (noch) fremde Sehweisen. Wobei die unauflösbare Referenz des Fotografischen zur (sichtbaren) Wirklichkeit beständig den Grad der Herausforderung aufrechterhält. „[D]ie Logik der Fotografie", schreibt der schon zitierte McLuhan in einem weiteren seiner Werke, „ist weder in Worte noch Sätze zu fassen, eine Gegebenheit, welche die Kultur der Schrift und des Buches hilflos macht, wenn sie mit der Fotografie zurechtkommen wollen."[4]

Literaturhinweise:

1) Marshall McLuhan, Die Gutenberg-Galaxis. Das Ende des Buchzeitalters, Düsseldorf / Wien 1968, S. 25

2) Gilles Deleuze, Das Zeit-Bild. Kino 2, Frankfurt am Main 1991

3) Gilles Deleuze, Das Bewegungs-Bild. Kino 1, Frankfurt am Main 1991

4) Marshall McLuhan, Die magischen Kanäle „Understanding Media", Düsseldorf / Wien 1968, S. 214

In this respect, all comparisons with cinema, where "time-images" are realised in the constant updating of the play-space, are misleading. Despite the perspectival structure of the rapidly successive individual frames, an agile camera incessantly mobilises a multitude of perspectives, as in Michelangelo Antonioni's work. In his films, too, time expresses itself as a physiological factor both in the actors' characters and among the viewers in front of the screen or television monitor.

New Visual Terrain

Compared to cinema and conventional photography, the Koschies enter new visual terrain. On an optical level, they come close to pictorial (as in paintings) modes of appearance without, however, leaving the terrain of the photographic. In fact, they expand the representational spectrum of the visual arts by replacing the mathematical-geometric dimension of perspective space in the photographic image with a kind of quantum-physical structure. In this way, they adapt it to the current modes of late modernity's perception. It is not the space-time of Einstein's theory of relativity, long since verified by numerous experiments, curved?

Let us put it simpler: when we, the viewers, make an image of the world of which we are a steadfast part, in order to orient ourselves and to image a judgement, this is not done with the rigid gaze of the photographic camera, but with the dynamic gazes of the eyes and their direct connection to the brain and the central nervous system. The images of the Koschies reflect on the perception of reality and not its conventional photographic reproduction.

Just as impressionist pictorial forms were a shock to the perception of academically trained art viewers in their day, the images of the artist duo act as a substantial challenge to the late modern addressees whose eyes have been visually, and for the most part photographically, impregnated. Not only do they break with entrenched habits of seeing, but they try their viewers by unfamiliar and (still) widely strange ways of seeing. All the while, the irresolvable reference of the photographic to (visible) reality constantly maintains the degree of challenge. "[T]he logic of photography," writes McLuhan in another of his works, "is neither verbal nor syntactical, a condition which renders literary culture quite helpless to cope with the photograph."[4]

References:

1) Marshall McLuhan, Die Gutenberg-Galaxis. Das Ende des Buchzeitalters, Düsseldorf and Vienna 1968, p. 25.

2) Gilles Deleuze, Das Zeit-Bild. Kino 2, Frankfurt am Main 1991

3) Gilles Deleuze, Das Bewegungs-Bild. Kino 1, Frankfurt am Main 1991

4) Marshall McLuhan, Die magischen Kanäle. "Understanding Media", Düsseldorf and Vienna 1968, p. 214

SUR**FACES** | SEQUENCE III

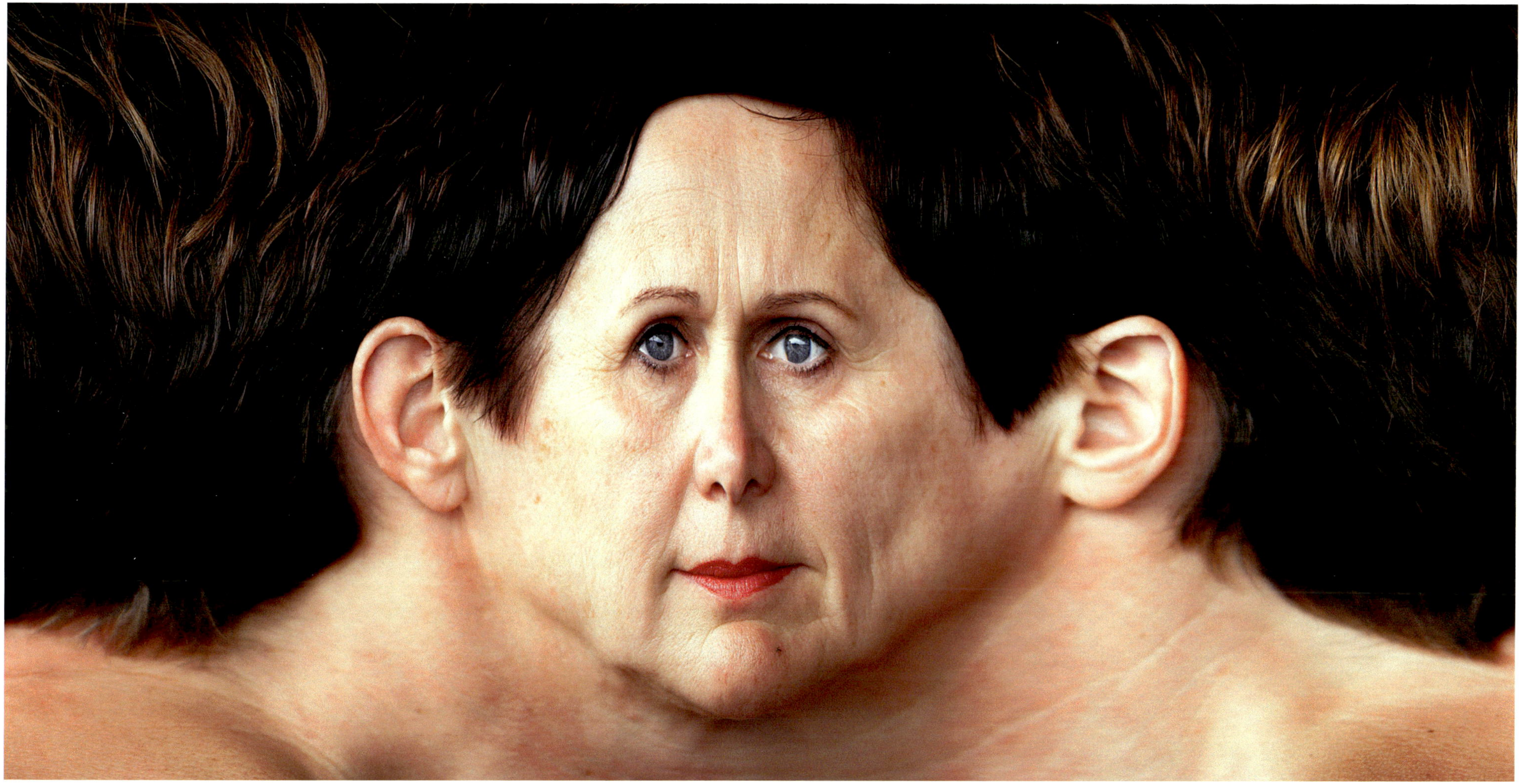

ILLUSION, 2020

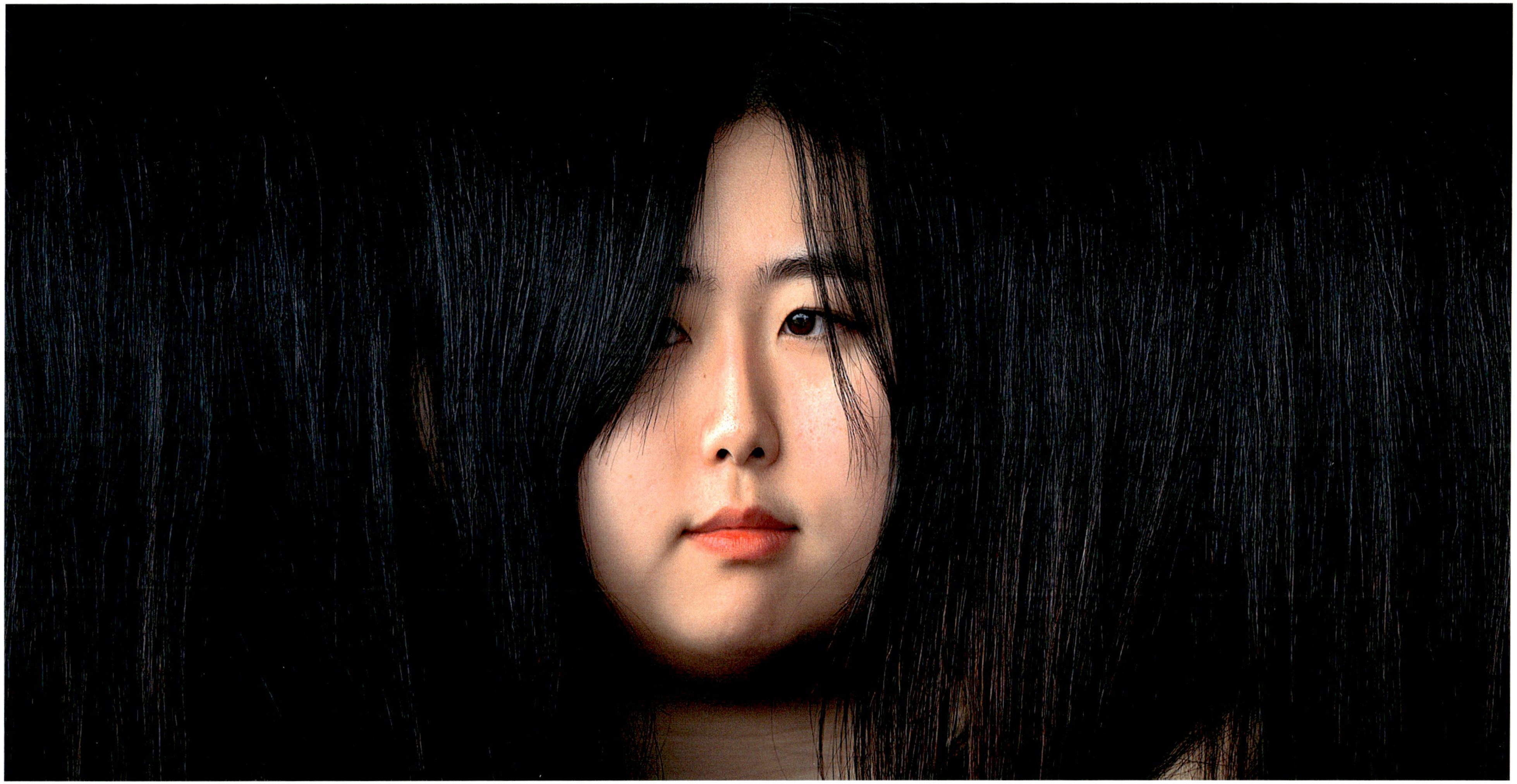

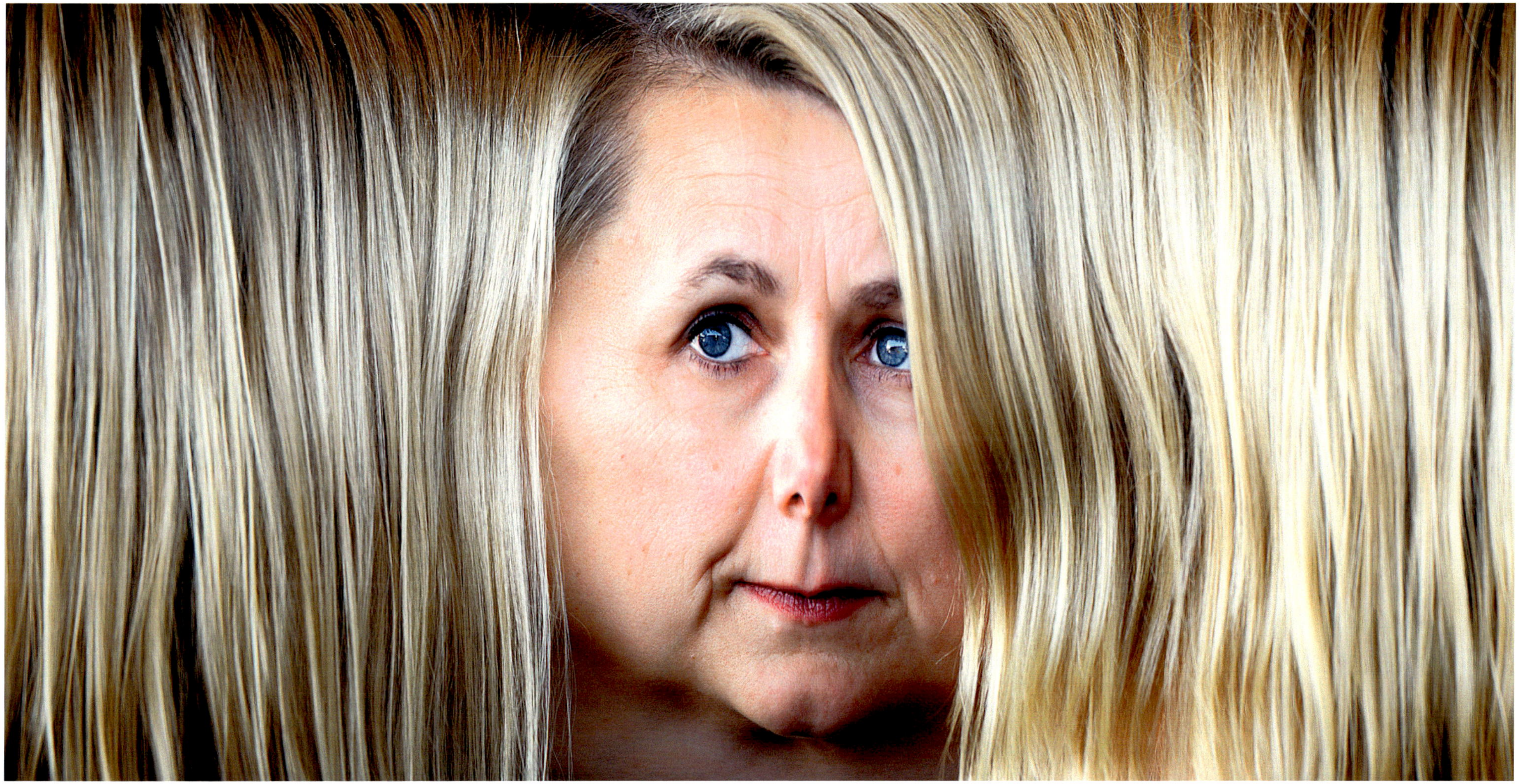

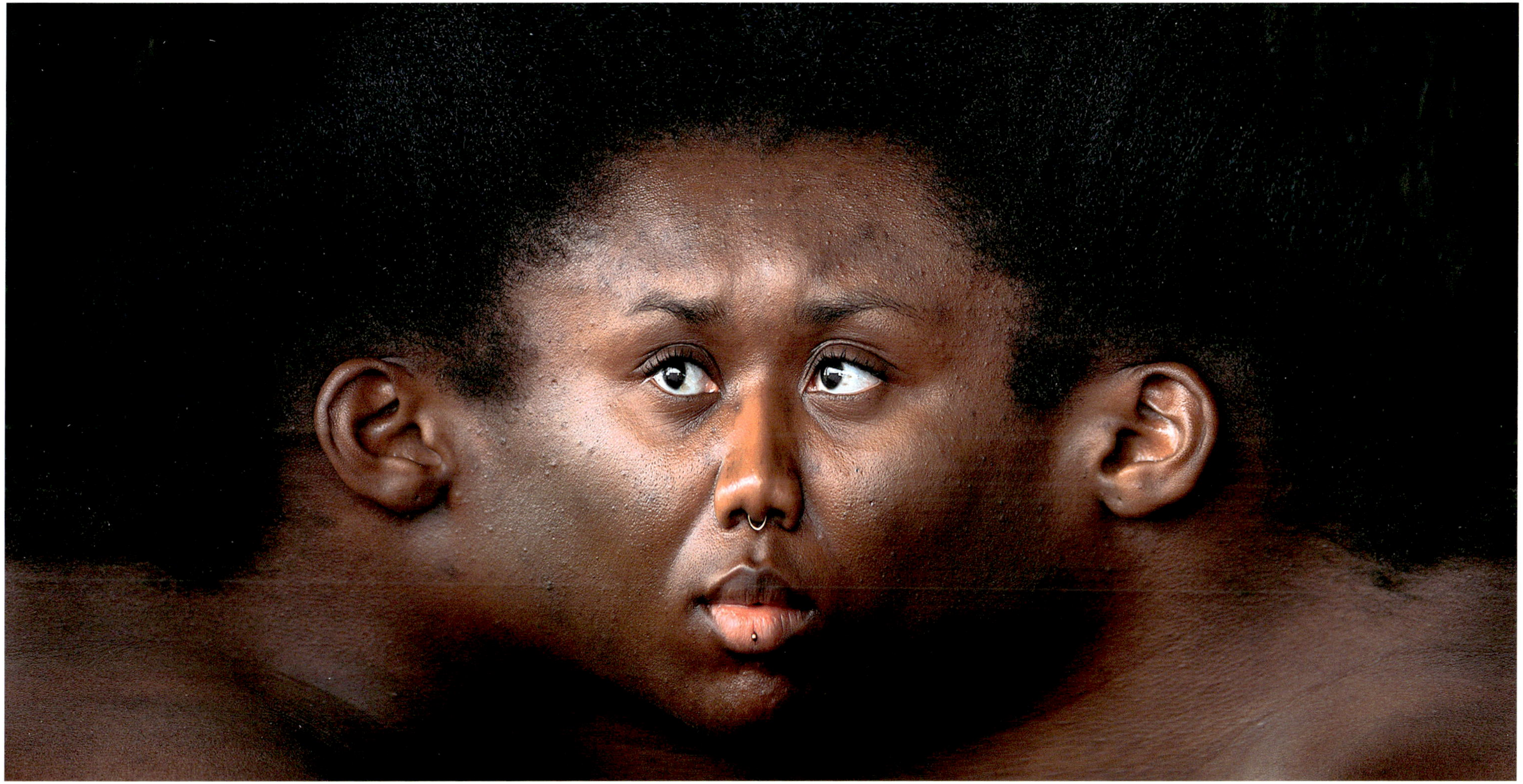

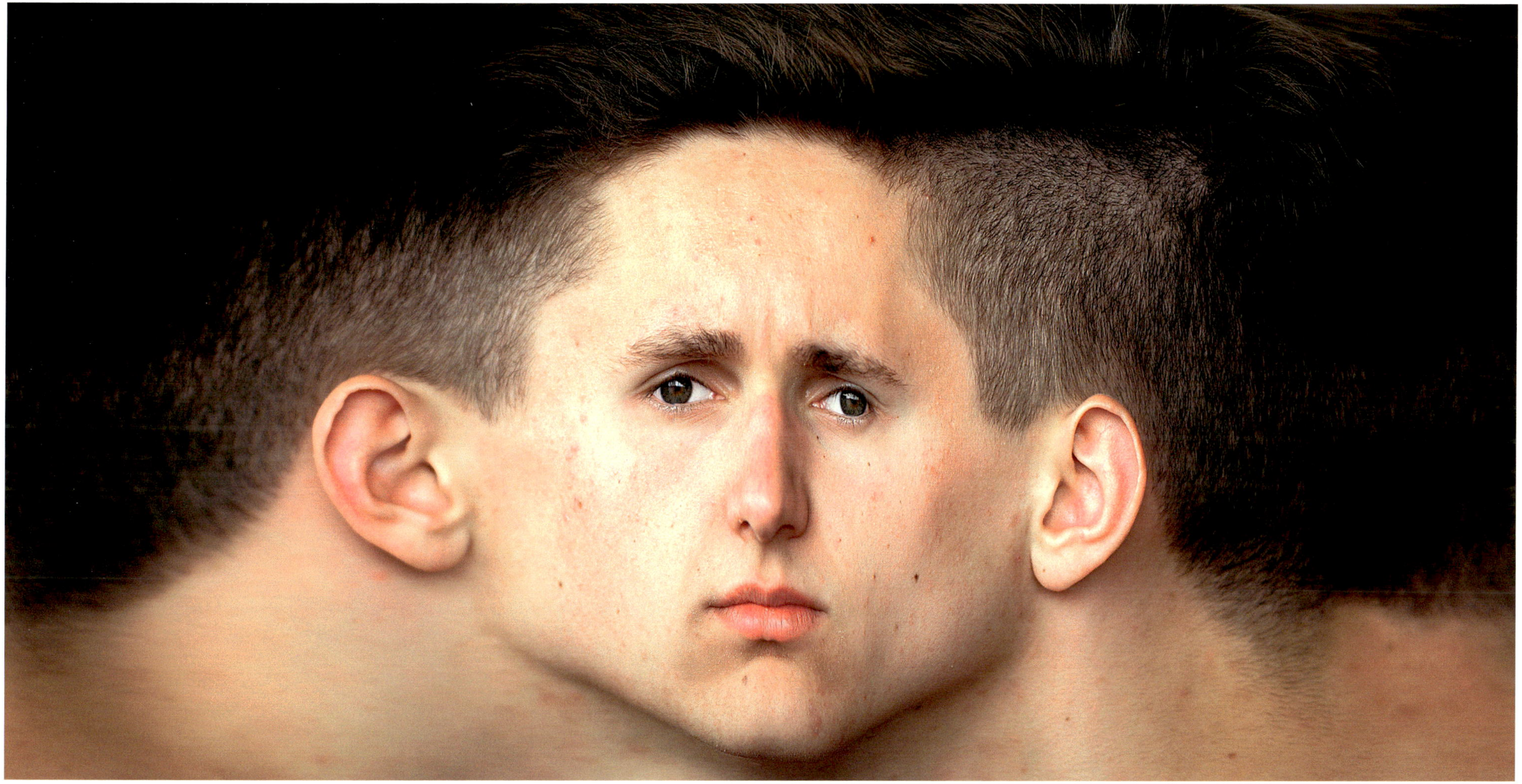

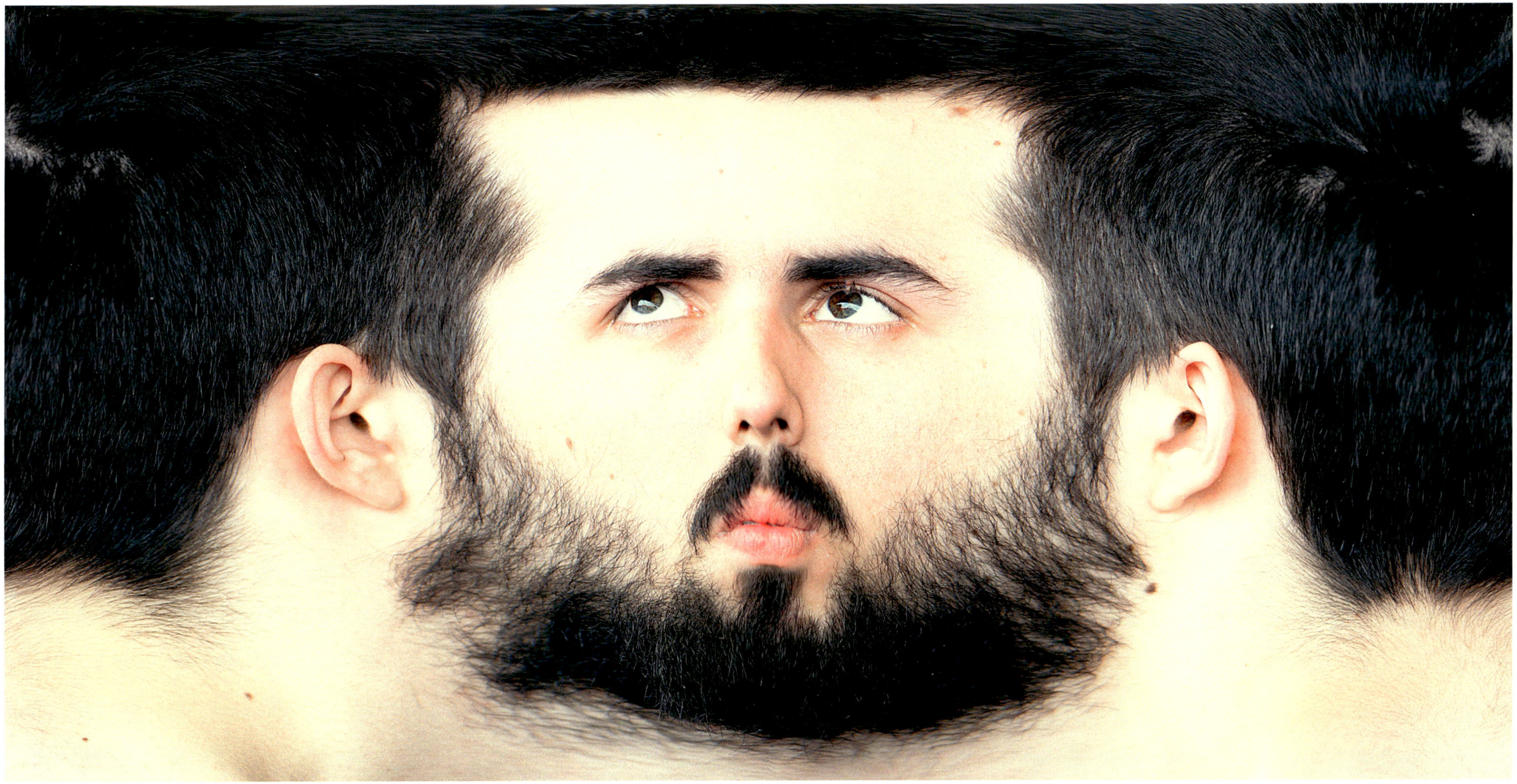

OASIS, 2018

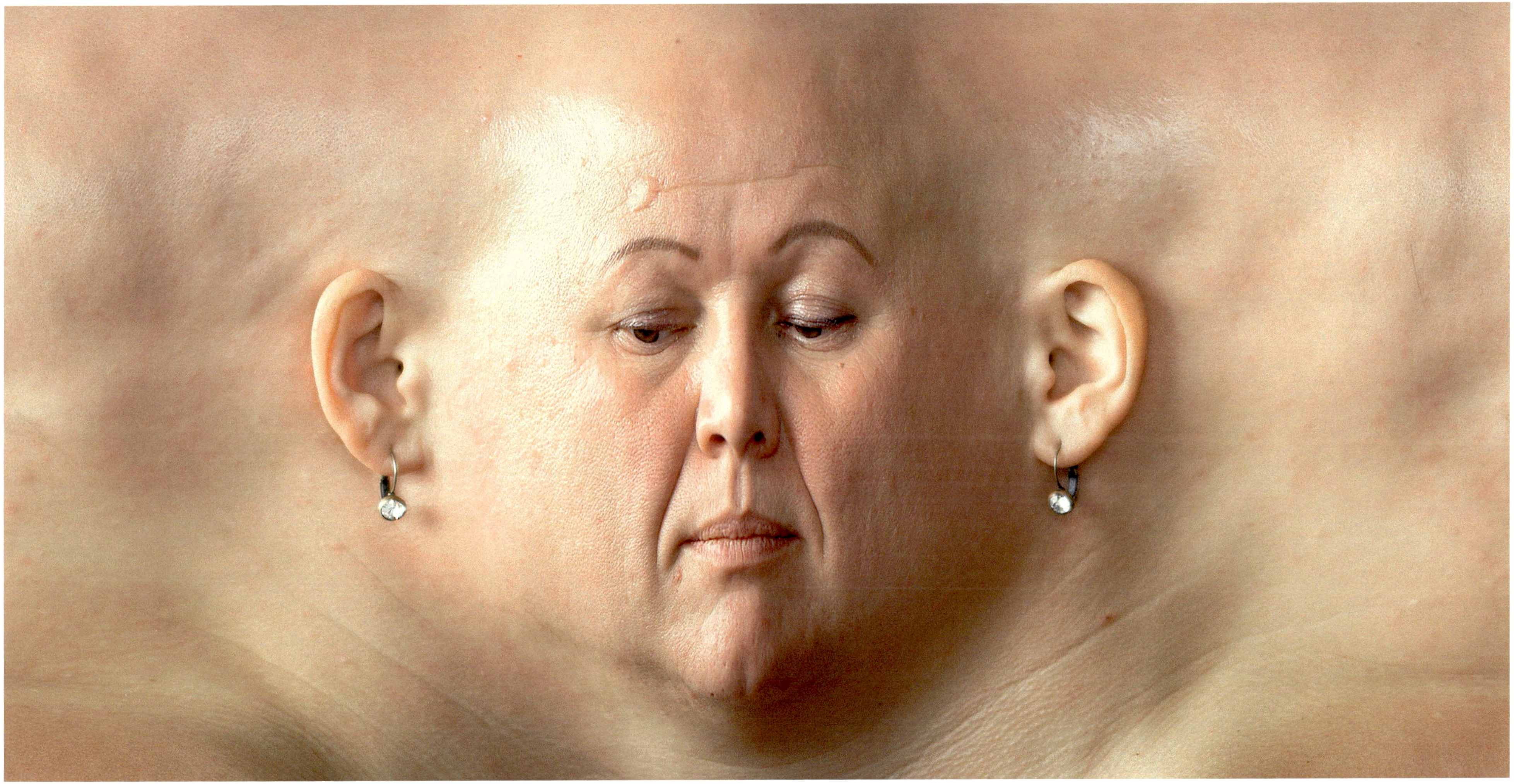

THE GIFT OF BEHOLDING, 2016

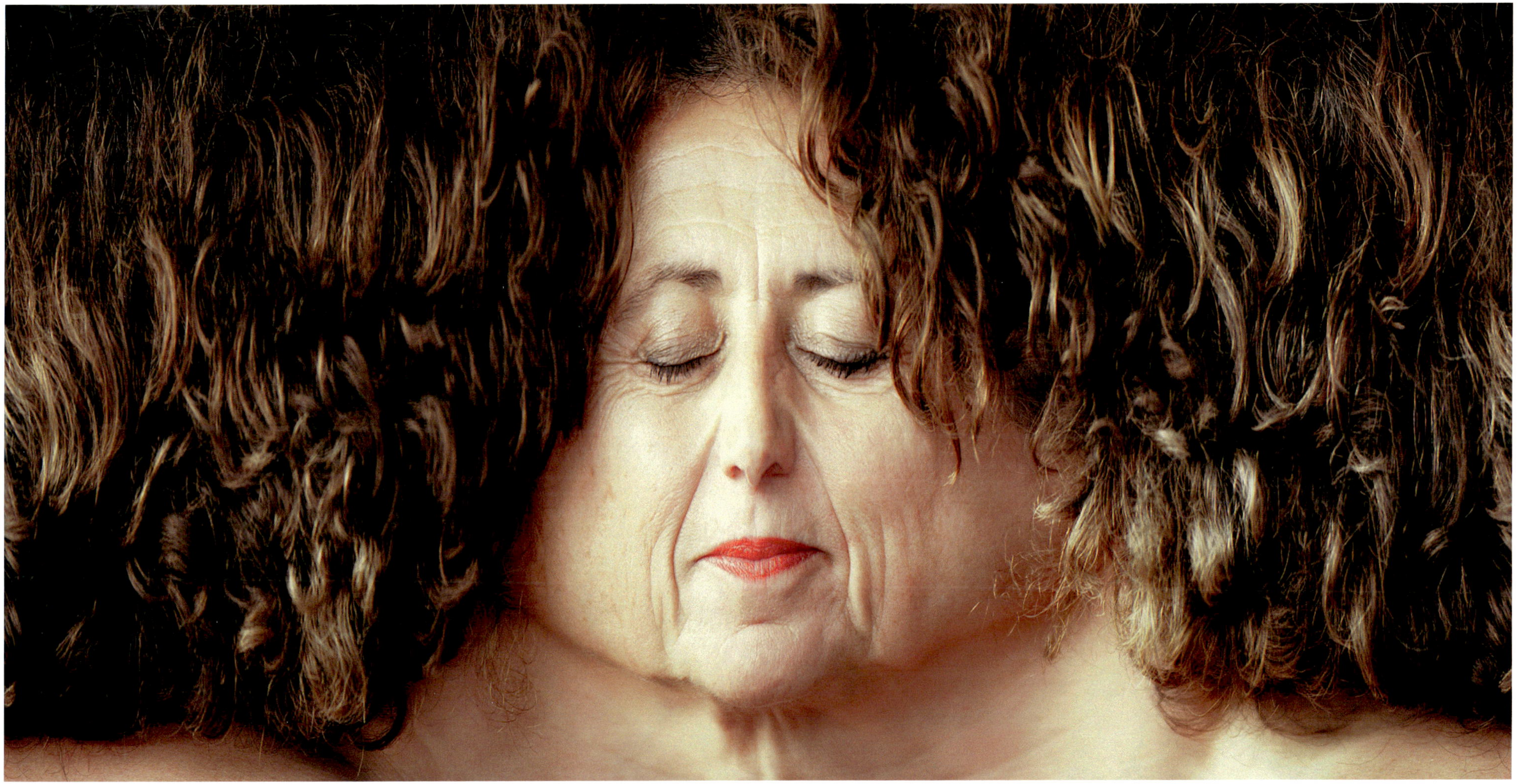

VOYAGE, 2019

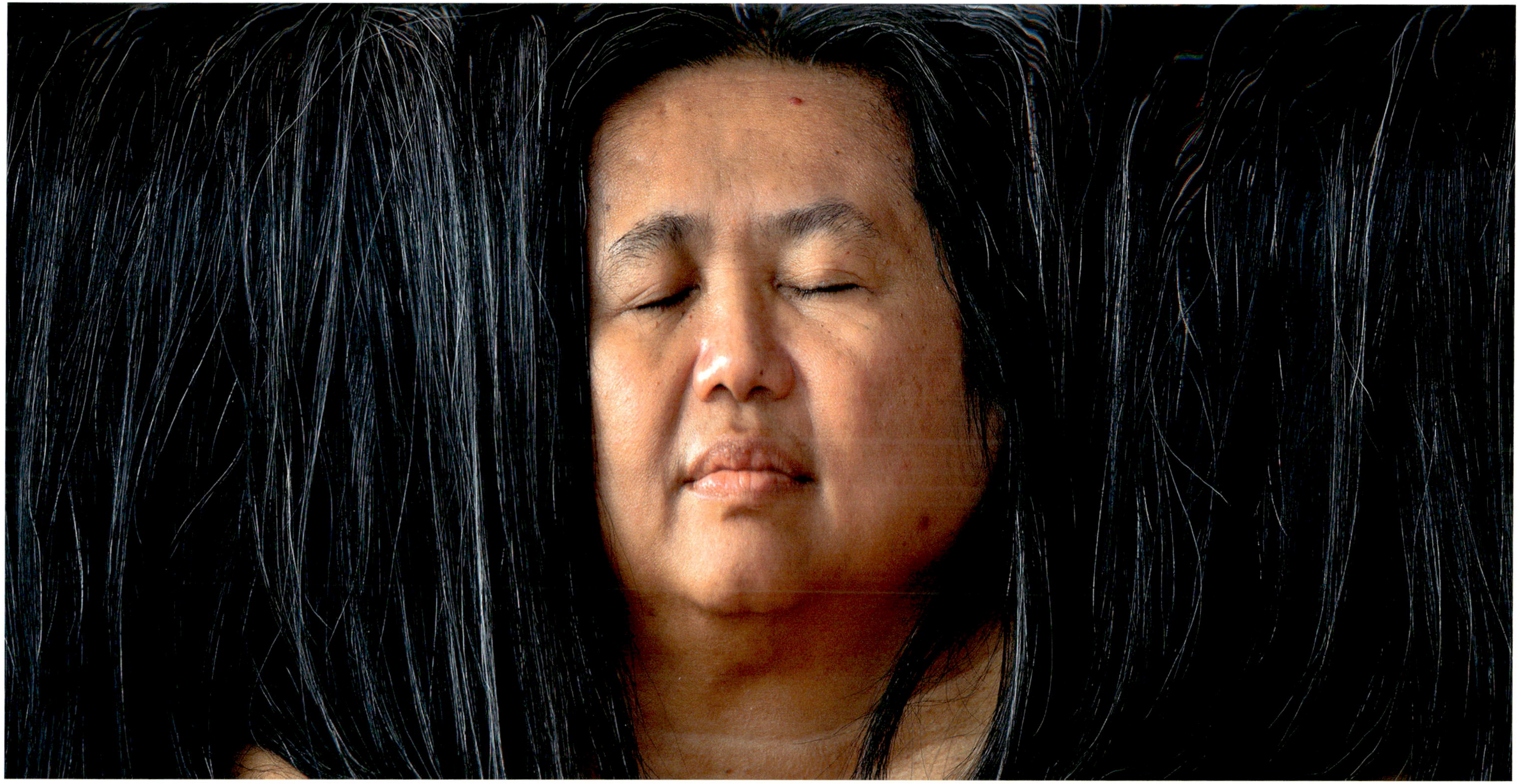

ABOVE, 2019

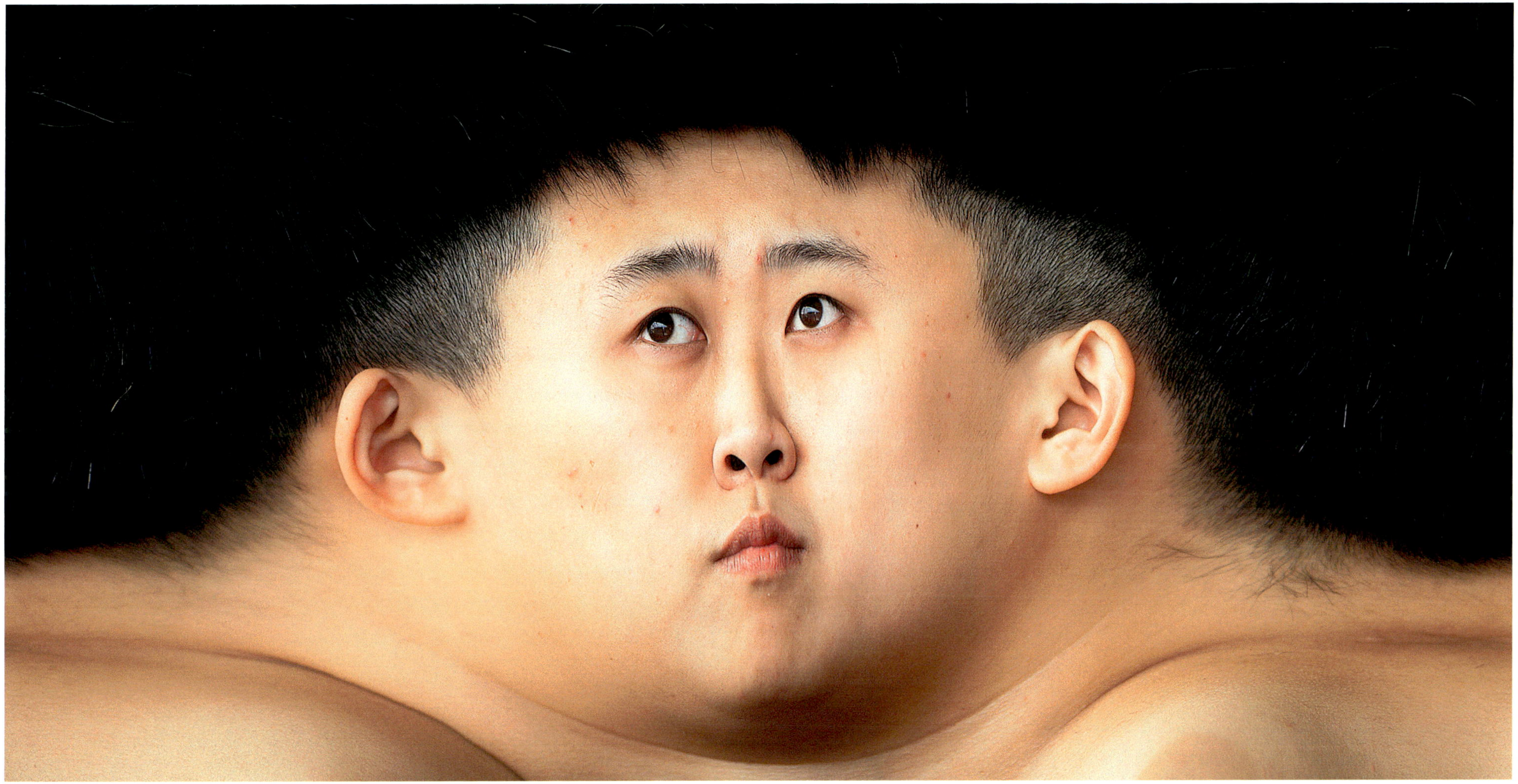

L´ÉCARTEMENT CACHÉE, 2017

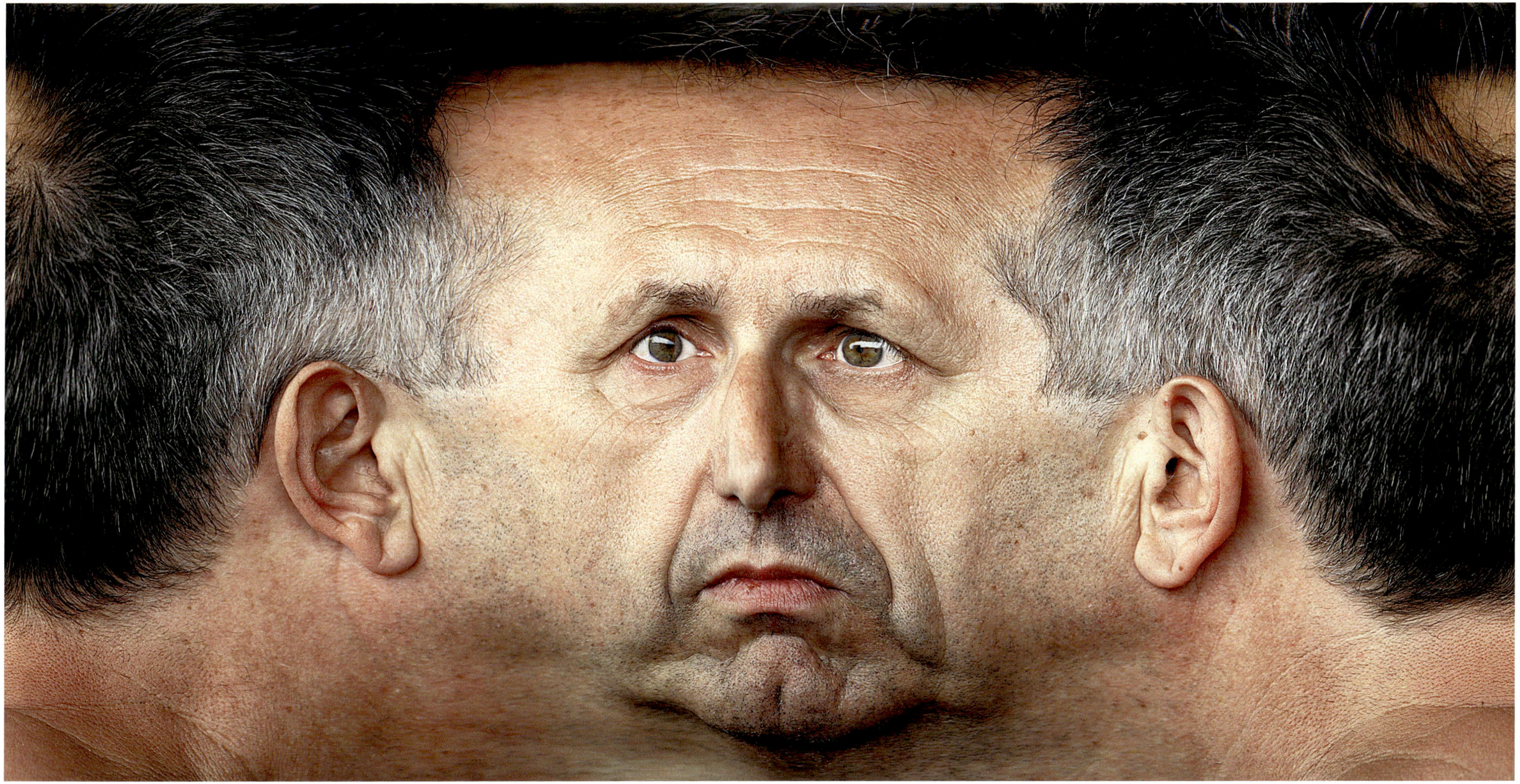

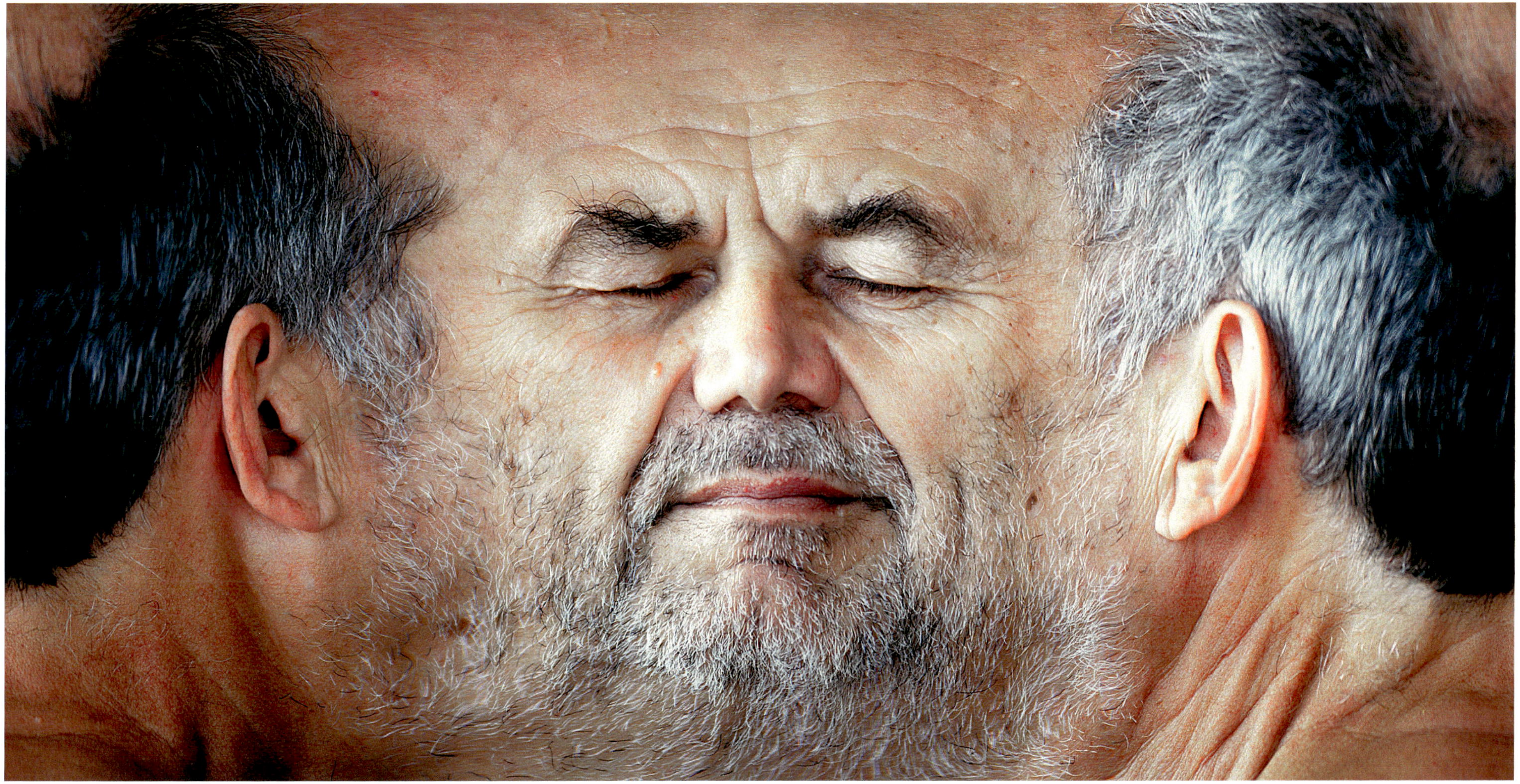

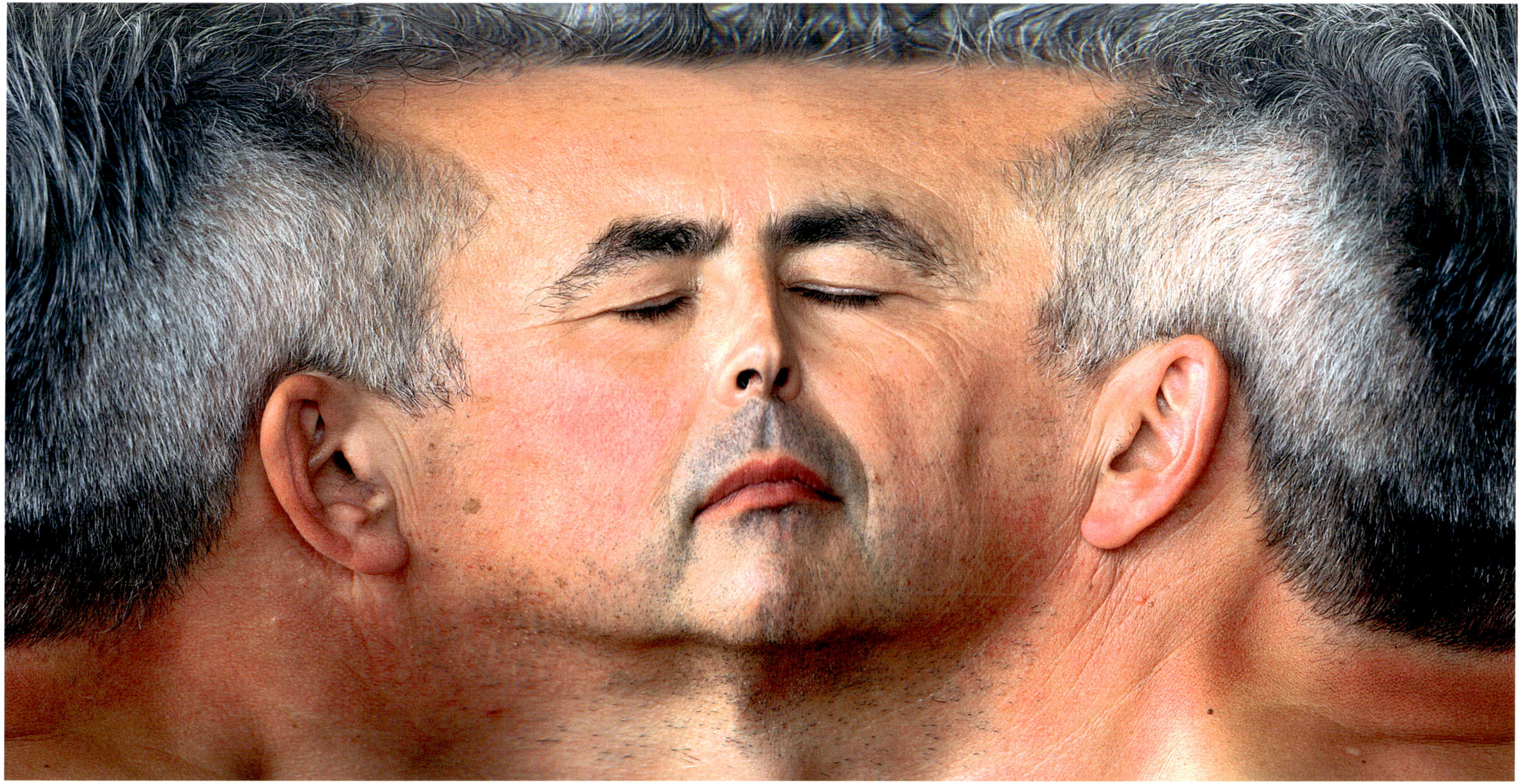

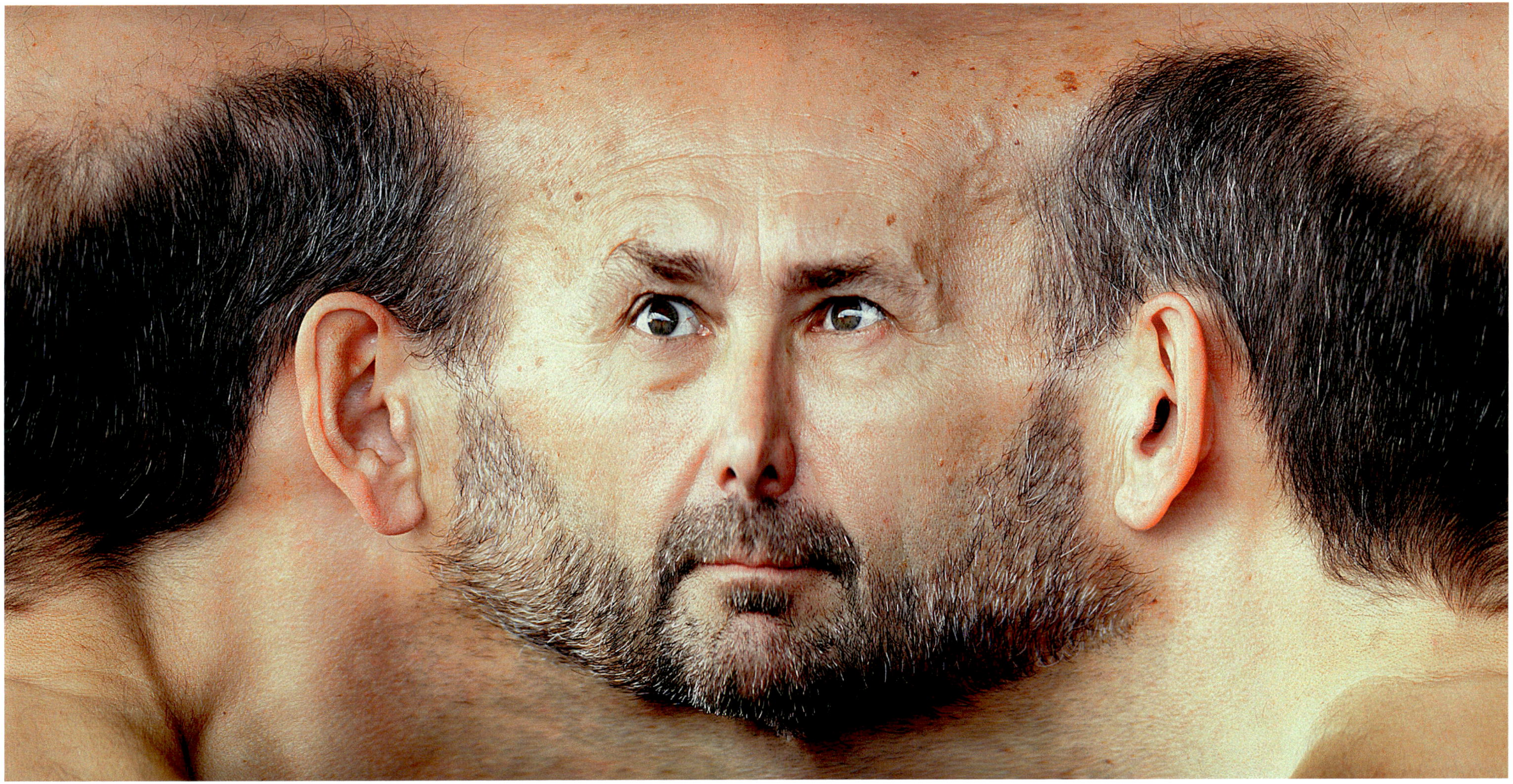

EINWÄRTS, 2019

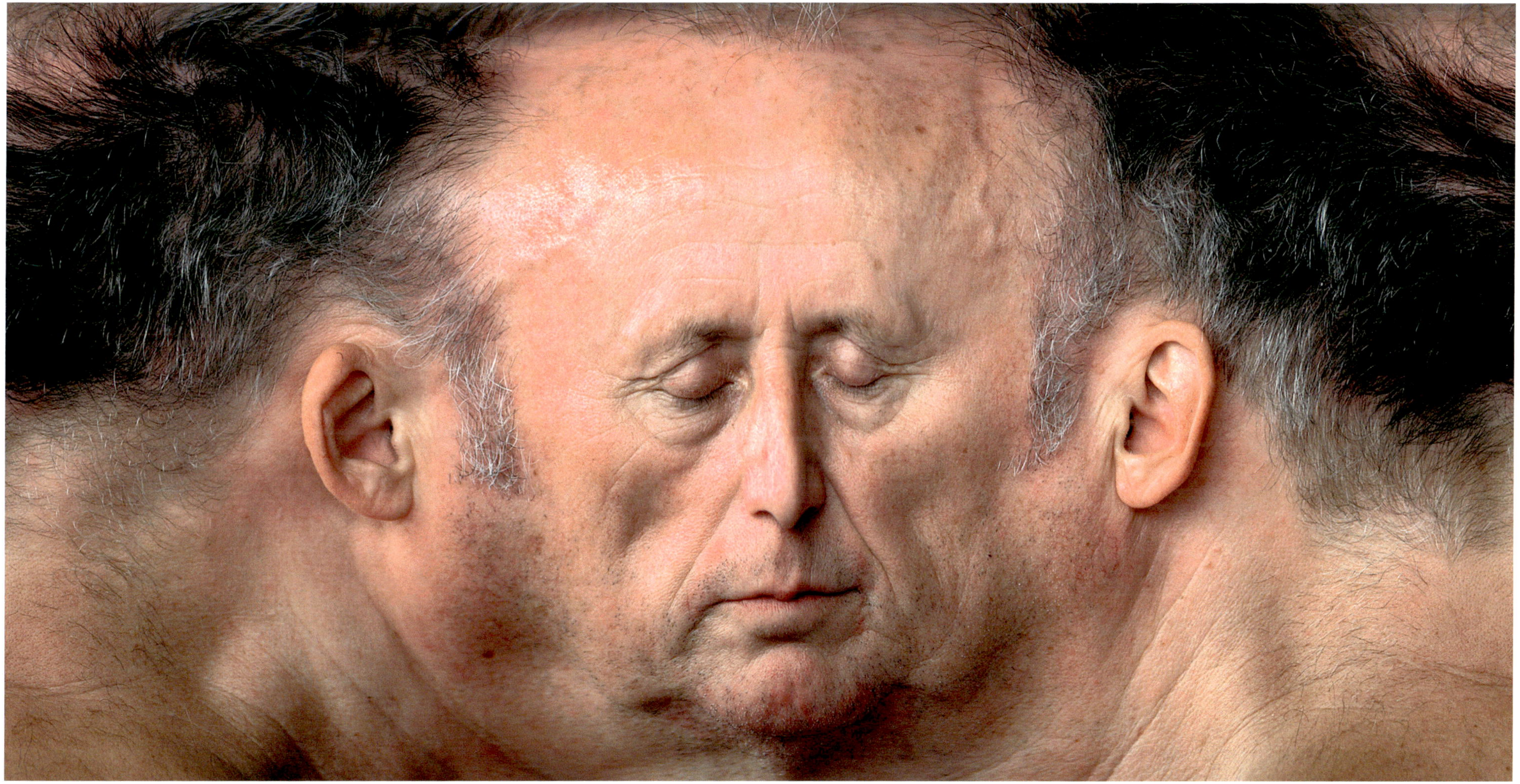

POSTFACE

Die chronistische Perspektive

Koschies

Mit unseren Schlitzkameras passieren wir die Grenze zu einer anderen innerhalb eines Zeitkontinuums angesiedelten Realität.

Die dabei zur Verwendung kommenden Geräte verfügen im Unterschied zu konventionellen Fotoapparaten über keinen mechanischen Verschluss. Die Aufnahme erfolgt durch einen permanent geöffneten schmalen vertikalen Schlitz und wird in einer konstanten Bewegung *nahtlos* belichtet. Alles, was sich vor diesem Spalt synchron zur Aufnahmegeschwindigkeit der Kamera bewegt, wird figurativ abgebildet – als Sequenz dessen, was den Aufnahmeschlitz durchquert hat.

Aus einem zeitlichen Nacheinander wird ein räumliches Nebeneinander.

Während konventionelle Fotografien zumeist einen kurzen Zeitsplitter fixieren sowie eine Szene in Höhe und Breite abbilden, bewahren die *Surfaces* zwar das räumliche Höhenmaß, die Breite jedoch wird ersetzt durch die Zeitachse. Die horizontale Ausdehnung wird zur chronistischen Perspektive.

Diese Perspektive ermöglicht die simultane Wahrnehmung aller komprimierten Ansichten des menschlichen Kopfes ringsherum – und sie erlaubt zudem die simultane Wahrnehmung der während der Aufnahme fazial geäußerten Emotionen und der visuellen Auswirkungen von Wesensmerkmalen wie Temperament oder innerer Unruhe. Dreißig Sekunden vor laufender Schlitzkamera sind eine zu lange Zeit, um die Fassade des nach außen konstruierten Ichs völlig lückenlos aufrechtzuerhalten.

Die aus unserer Arbeitsweise resultierenden Sichtbarmachungen der vierten Dimension muten auf den ersten

POSTFACE

The Chronistic Perspective

Koschies

Using time-slit cameras, we cross the border to a different reality located within a time continuum.
Unlike customary cameras, these devices do not have a mechanical shutter. The picture is taken through a permanently open, narrow vertical slit and is exposed seamlessly in a single, constant movement. Everything moving in front of this slit in sync with the camera's recording speed is depicted figuredly – as a sequence of what has passed through the recording slit.
Temporal succession is transformed into spatial coexistence.

While conventional photographs usually fixate a short sliver of time and reproduce a scene in its width and height, the *Surfaces* retain the spatial dimension of height, while the dimension of width is replaced by the temporal axis. The horizontal expansion becomes the chronistic perspective.

This perspective allows us to perceive all compressed views all around the human head simultaneously. Moreover, it enables us to simultaneously perceive the person's emotions – as they are expressed facially during the recording –, and with them the visual resonances of characteristics such as temperament or inner restlessness. Thirty seconds in front of a running time-slit camera is too long of a time for anyone to ceaselessly maintain the façade of their self as constructed for the outer world to see.

At first glance, the visualisations of the fourth dimension resulting from our working method appear to be static moments captured in photographs, but in reality, they pictorialize the continuous flow of time – in both the artistic and the physical sense. Thus, *spaces of time* are being revealed, in the most literal meaning of the term. Optical Irritations and distortions of the *Surfaces* are caused by

Blick an wie fotografisch festgehaltene statische Augenblicke, verbildlichen aber kontinuierlich fließende Zeit – im künstlerischen wie im physikalischen Sinne. Es offenbaren sich *Zeit-Räume* in der buchstäblichen Bedeutung des Wortes. Optische Irritationen und Verzerrungen der *Surfaces* sind bedingt durch den von uns gestalterisch instrumentalisierten Einfluss der Zeit bei der Aufnahme selbst und dokumentieren deren Verlauf.

Die Aufnahmen transformieren die menschlichen Köpfe optisch in eine scheinbar fließende Materie, deren liquide Anmutung sich ihren Weg auf das Bild bahnt. Hinter diesen Zeitkondensaten steht die Intention, mehr als den Moment eines Sekundenbruchteils einzufangen und dabei nicht nur die unmittelbare physische Präsenz eines Menschen in ein Abbild umzusetzen, sondern auch deren ursprüngliche Kraft zu erhalten und in ihrer Intensität wiederzugeben. Ein vollkommen statisch fotografiertes Porträt kann der fortlaufend in Veränderung begriffenen Erscheinung des Menschen in dieser Form nicht entsprechen.

Während der halbminütigen Kartografierung der Person durch unsere Kamera geht der gewohnte Blickwinkel der Zentralperspektive über in eine undefinierte Raumsituation. Die Darstellungen unterwerfen sich nicht mehr den Eigenschaften der Geometrie, sondern werden zusammengehalten durch die Präsenz des menschlichen Hauptes. In den auf diese Weise entstehenden physiognomischen Reliefs wird die rein räumliche Tiefe ersetzt durch eine sich in der chronistischen Wiedergabe offenbarende Eindringlichkeit, die sowohl für Verwirrung als auch für Neuorientierung sorgen kann.

Durch die lange Aufnahmedauer und die hohe, anhaltende Konzentration der Aufgenommenen können die Bildnisse der Reihe *Surfaces* als Reminiszenz an die Frühzeit der Porträtfotografie betrachtet werden; in ihrem Wesen sowie in ihrer Darstellungsform sind sie zugleich eine Weiterentwicklung des Genres.

Unser großer Dank gilt allen,
die uns bei unseren Grenzgängen
unterstützt und begleitet haben.

the influence of time itself which we make use of artistically, and document its passing.

The photographs optically transform the human heads into seemingly flowing matter whose liquid appearance pours its way into the picture. By condensing time in this way, we not only intend to capture the instant of a split second and thus to transform the immediate physical presence of a human being into an image but also want to preserve its original power and reproduce its intensity. A portrait photographed statically could never convey a person's continuously changing appearance like this.

While the person is cartographed by our camera for half a minute, the usual angle of the central perspective transitions into an undefined spatial situation. The representations no longer submit to the properties of geometry but are held together by the presence of the human head. In the physiognomic reliefs thus created, the purely spatial depth is replaced by a forcefulness revealed in the chronistic rendering, which can cause both confusion and reorientation.

Due to the long duration of the recording and the intense, sustained concentration of those photographed, the images in the *Surfaces* series can be regarded as a reminiscence of the early days of portrait photography; in their essential nature as well as in the form of their presentation, they are at the same time a further development of the genre.

Our deep gratitude goes to all those
who have supported and accompanied us
on our crossings of the border.

KOSCHIES

Geboren in Kiel und Berlin. Ausbildung am Lette-Verein Berlin; Studium der Film-, Theater- und Kommunikationswissenschaft, der Lateinamerikanistik sowie der Biologie an der Freien Universität Berlin. Seit 1990 Realisierung des Zyklus THE HUMAN RACE mittels einer speziellen Schwarzweiß-Schlitzkamera | 2011 Entwicklung des Projektes RUNNING DIRECTION mit farbigen Schlitzkamera-Aufnahmen von Filmregisseuren. Zudem erste experimentelle Bewegungsstudien der Serie MOTION PICTURES | 2012 Beginn der Arbeit an der abstrakten Werkgruppe TIME LINES | 2015 Erste Arbeiten am Zyklus SURFACES; Entwicklung einer speziellen Porträttechnik mit der Schlitzkamera | 2016 Förderpreis der Stiftung Kulturwerk der VG Bild-Kunst | 2017 Kunstpreis der Stadt Limburg | 2020 Projektstipendium des Ministeriums für Wissenschaft, Forschung und Kultur des Landes Brandenburg

Kataloge (Auswahl)

WI(E)DER DAS BÖSE; Bomann Museum, Celle, 2021
ВАУ, ФАНТАСТИКА!; Galerie Khodynka, Moskau, 2021
GRENZGANG FOTOKUNST; Wiesbadener Fototage, 2019
WANDEL DER GESTALT; Kunsthalle Wiesbaden, 2014
ZEITGLEICH – ZEITZEICHEN; BBK Bundesverband Berlin, 2014
RESTRAINUNG ORDER; Einstein Forum Potsdam, 2013
IM LAUF DER ZEIT; Wiesbadener Fototage, 2013
BLICKE RICHTEN; Duisburger Filmwoche, 1991
DER AUGENBLICK, DER STEHEN BLEIBT;
Fluxeum Wiesbaden, 1991

Ausstellungen (Auswahl)

Bomann Museum; Celle, 2021
Galerie Khodynka; Moskau, 2021
Villa Francke; Potsdam, 2019*
Ministerium für Wissenschaft und Kunst; Wiesbaden, 2019
Kunstgalerie Altes Rathaus; Fürstenwalde, 2018
Kunstsammlungen der Stadt Limburg; Limburg, 2017*
Galerie Kunst-Kontor; Potsdam, 2015*
Kunsthalle; Wiesbaden, 2014*
Goethe Institut Kamerun; Yaoundé, 2013*
Kunsthaus; Wiesbaden, 2013
Einstein Forum; Potsdam, 2013
KunstHalle; Berlin, 2013
Stadt für eine Nacht; Potsdam, 2012
Sperl Galerie; Potsdam, 2011*
Galerie Fototreppe 42; Hanau, 2011*
Neustädter Rathaus; Hanau, 2011
Galerie Weinerei; Nürnberg, 2010*
Hochschule für Film und Fernsehen; Potsdam, 2009*
Haus Schwarzenberg; Berlin, 2003
Galerie endart; Berlin, 1998
De Straat; Amsterdam, 1998
Galerie Voller Ernst; Berlin, 1995
Expo '92; Sevilla, 1992
Stiftung Starke; Berlin, 1992
Fluxeum; Wiesbaden, 1991
Duisburger Filmwoche; Duisburg, 1991

** Einzelausstellung*

KOSCHIES

Born in Kiel and Berlin. Education at the Lette-Verein Berlin; studies in film and theatre, communications, biology and Latin American literature at the Freie Universität Berlin. Since 1990 Realisation of the series THE HUMAN RACE by using a special black and white time-slit camera | 2011 development of the project RUNNING DIRECTION with colour time-slit camera shots of film directors, in addition, first experimental motion studies in the cycle MOTION PICTURES | 2012 start of work on the abstract series TIME LINES | 2015 Development of a special portrait technique with the time-slit camera for the new cycle SURFACES | 2016 Sponsorship award from the Stiftung Kulturwerk of VG Bild-Kunst | 2017 Art award of the city of Limburg | 2020 Project grant from the Ministry of Science, Research and Culture of the State of Brandenburg

Catalogues (Selection)

WI(E)DER DAS BÖSE; Bomann Museum, Celle, 2021
ВАУ, ФАНТАСТИКА!; Khodynka Gallery, Moscow, 2021
GRENZGANG FOTOKUNST;
Wiesbaden Days of Photography, 2019
WANDEL DER GESTALT; Art Gallery Wiesbaden, 2014
ZEITGLEICH – ZEITZEICHEN; BBK Assoc. Berlin, 2014
RESTRAINUNG ORDER; Einstein Forum, Potsdam, 2013
IM LAUF DER ZEIT; Wiesbaden Days of Photography, 2013
BLICKE RICHTEN; Duisburg Film Week, 1991
DER AUGENBLICK, DER STEHEN BLEIBT;
Fluxeum Wiesbaden, 1991

Exhibitions (Selection)

Bomann Museum; Celle, 2021
Khodynka Gallery; Moscow, 2021
Villa Francke; Potsdam, 2019*
Ministry of Science and Art; Wiesbaden, 2019
Art Gallery Altes Rathaus; Fürstenwalde, 2018
Art Collections of the City of Limburg; Limburg, 2017*
Gallery Kunst-Kontor; Potsdam, 2015*
Art Gallery; Wiesbaden, 2014*
Goethe Institute Cameroon; Yaoundé, 2013*
Kunsthaus; Wiesbaden, 2013
Einstein Forum; Potsdam, 2013
KunstHalle; Berlin, 2013
Stadt für eine Nacht; Potsdam, 2012
Gallery Sperl; Potsdam, 2011*
Gallery Fototreppe 42; Hanau, 2011*
Neustädter Rathaus; Hanau, 2011
Gallery Weinerei; Nuremberg, 2010*
Academy for Film and Television; Potsdam, 2009*
Haus Schwarzenberg; Berlin, 2003
Gallery endart; Berlin, 1998
De Straat; Amsterdam, 1998
Gallery Voller Ernst; Berlin, 1995
Expo '92; Seville, 1992
Foundation Starke; Berlin, 1992
Fluxeum; Wiesbaden, 1991
Duisburg Film Week; Duisburg, 1991

** Solo Exhibition*

AUTOR*INNEN

Klaus Honnef

Kunsthistoriker, Kunstkritiker, Kurator und Theoretiker für künstlerische Fotografie; Autor zahlreicher Bücher zur zeitgenössischen Malerei und Fotografie. Gründung des Zentrums für aktuelle Kunst in Aachen. Ehemaliger Ausstellungschef im Rheinischen Landesmuseum Bonn und Geschäftsführer des Westfälischen Kunstvereins. Mitarbeit an documenta 5 und 6; seit 2002 Vorsitzender der Gesellschaft Photo Archiv e.V. in Bonn. Professuren und Lehraufträge in Kassel, Trier, Köln, Hannover, Braunschweig, Wuppertal und Dortmund. Veröffentlichungen unter anderem: *Bernd und Hilla Becher* (1975); *documenta 6*. Bd. 1 und 2 (1977); *Lichtbildnisse. Das Porträt in der Fotografie* (1982); *Kunst der Gegenwart* (1988); *Kunst des 20. Jahrhunderts* (1998); *Pop Art* (2004); *Facing Time* (2012); *F.C. Gundlach Collection* (2015); *Warhol* (2015); *Von der Konzeptkunst zur Fotografie* (2019); *Gerhard Richter* (2020)

Christoph Tannert

Autor und Kurator; Mitbegründer des Brandenburgischen Kunstvereins Potsdam. Seit 1992 Projektleiter am Künstlerhaus Bethanien Berlin; ab 2000 künstlerischer Leiter und Geschäftsführer der Künstlerhaus Bethanien GmbH. Kurator des Ausstellung *Geniale Dilletanten – Subkultur der 1980er Jahre in Deutschland* in Dresden (2017) sowie der Ausstellung *Leipzig. Fotographie seit 1839* im Grassi Museum und im Museum der Bildenden Künste, Leipzig (2011). Zahlreiche Veröffentlichungen in Ausstellungskatalogen, Anthologien und in der Fachpresse. Einige der Buchprojekte: *Schrittwechsel* (Hg. 1991); *Jenseits der Staatskultur* (1992); *be #9: "art & real life"* (Hg. 2003); *Neue deutsche Malerei* (2007); *Norbert Bisky Collector's Edition* (2007); *Seo: Monografie* (2009); *Berlin Status No. 1* (Hg. 2012); *Berlin Status No. 2* (Hg. 2013); *Berlin Art Scene* (2014); *Neue Schwarze Romantik* (2017)

Sigrid Weigel

Literatur- und Kulturwissenschaftlerin; Professuren in Hamburg, Zürich, Princeton und Berlin. Ehemalige Direktorin des Einstein Forums Potsdam sowie des ZfL Zentrums für Literatur- und Kulturforschung Berlin und ehemalige Vorstandsvorsitzende der Geisteswissenschaftlichen Zentren Berlin. Sigrid Weigel hat sich intensiv mit dem Gesicht in Kunst und Wissenschaft beschäftigt wie auch mit bildtheoretischen Fragen. Eine Auswahl ihrer Publikationen zu diesen Themen: *Gesichter. Kulturgeschichtliche Szenen aus der Arbeit am Bildnis des Menschen* (Hg. 2013); *Grammatologie der Bilder* (2015); *Das Gesicht. Bilder, Medien, Formate*. Katalog der von ihr konzipierten Ausstellung im Hygiene Museum Dresden (Hg. 2017); *Der konventionelle Code als buckliger Zwerg im Dienste der Emotion Recognition. Überlegungen zu einer Urgeschichte der digitalen Kultur* (Internationales Jahrbuch für Medienphilosophie 2020)

AUTHORS

Klaus Honnef

Art historian, art critic, curator and theorist for artistic photography; author of numerous books on contemporary painting and photography. Founder of the Centre for Contemporary Art in Aachen. Former exhibition director at the Rheinisches Landesmuseum Bonn and managing director of the Westfälischer Kunstverein. Collaborated on documenta 5 and 6; since 2002 chairman of the Gesellschaft Photo Archiv e.V. in Bonn. Professorships and teaching positions in Kassel, Trier, Cologne, Hanover, Braunschweig, Wuppertal and Dortmund. Publications include: *Bernd und Hilla Becher* (1975); *documenta 6.* vol. 1 and 2 (1977); *Lichtbildnisse. Das Porträt in der Fotografie* (1982); *Kunst der Gegenwart* (1988); *Kunst des 20. Jahrhunderts* (1998); *Pop Art* (2004); *Facing Time* (2012); *F.C. Gundlach Collection* (2015); *Warhol* (2015); *Von der Konzeptkunst zur Fotografie* (2019); *Gerhard Richter* (2020)

Christoph Tannert

Author and curator; co-founder of the Brandenburgischer Kunstverein Potsdam. Since 1992 project director at Künstlerhaus Bethanien Berlin; from 2000 artistic director and managing director of Künstlerhaus Bethanien GmbH. Curator of the exhibition *Geniale Dilletanten – Subkultur der 1980er Jahre in Deutschland* in Dresden (2017) and the exhibition *Leipzig. Fotographie seit 1839* at the Grassi Museum and the Museum of Fine Arts, Leipzig (2011). Numerous publications in exhibition catalogues, anthologies and in the art press. Some of his book projects: *Schrittwechsel* (ed. 1991); *Jenseits der Staatskultur* (1992); *be #9: "art & real life"* (ed. 2003); New German Painting (ed. 2006); *Norbert Bisky Collector's Edition* (2007); *Seo: Monograph* (2009); *Berlin Status No. 1* (ed. 2012); *Berlin Status No. 2* (ed. 2013); *Berlin Art Scene* (2014); *Neue Schwarze Romantik* (2017)

Sigrid Weigel

Researcher in literature and cultural studies; professorships in Hamburg, Zurich, Princeton and Berlin. Former director of the Einstein Forum Potsdam, the ZfL Zentrum für Literatur- und Kulturforschung Berlin and former chairwoman of the board of the Geisteswissenschaftliche Zentren Berlin. Sigrid Weigel has worked intensively on the face in art and science as well as on questions of image theory. A selection of her publications on these topics: *Gesichter. Kulturgeschichtliche Szenen aus der Arbeit am Bildnis des Menschen* (ed. 2013); *Grammatologie der Bilder* (2015); *Das Gesicht. Bilder, Medien, Formate.* Catalogue of the exhibition she created at the Hygiene Museum Dresden (ed. 2017); *Der konventionelle Code als buckliger Zwerg im Dienste der Emotion Recognition. Überlegungen zu einer Urgeschichte der digitalen Kultur* (International Yearbook for Media Philosophy 2020).

Besonderer Dank | Special Thanks

Jenifer Becker, Carsten Bergmann, Michael Borzikowsky,
WP Fahrenberg, Robin Forstenhäusler, Mike Geßner,
Gabriele Göbl, Dominika Hasse, Joachim Hiltmann,
Britta Klöpfer, Clara Koschies, Beate Nordhoff,
Erhard Nordhoff, Axel Reinke

Alte Pinakothek, München
Kunstraum, Potsdam
Museo Horne, Firenze
Museum für Kunst und Gewerbe, Hamburg

Bild Kunst
KULTURWERK

Gender-Hinweis: Aus Gründen der besseren Lesbarkeit wird auf die gleichzeitige Verwendung der Sprachformen männlich, weiblich und divers (m/w/d) verzichtet. Sämtliche Personenbezeichnungen gelten gleichermaßen für alle Geschlechter.

1. Auflage | 1st Edition, 2022

Verlag | Publishing
Deutscher Kunstverlag GmbH Berlin München
Lützowstraße 33
10785 Berlin
www.deutscherkunstverlag.de

Ein Unternehmen der / Part of
Walter de Gruyter GmbH, Berlin Boston
www.degruyter.com

Die Deutsche Nationalbibliothek verzeichnet diese Publikation in der Deutschen Nationalbibliografie; detaillierte bibliografische Daten sind abrufbar im Internet über http://dnb.dnb.de
The Deutsche Nationalbibliothek lists this publication in the Deutsche Nationalbibliografie; detailed bibliographic data are available on the Internet at http://dnb.dnb.de

Printed in Germany

ISBN: 978-3-422-98947-4

Druck & Bindung | Printing & Binding
DZA Druckerei zu Altenburg GmbH, Altenburg

Schriften | Fonts
Alwyn New, Obvia

Designkonzept, Satz | Conceptual Design, Typesetting
Bernd Markau

Übersetzung | Translation
Bettina Abarbanell, David Koschies

Alle Originalbilder der Reihe SURFACES:
Pigmentdruck auf Leinwand, 150 cm × 75 cm /
All original images of the series SURFACES:
Pigment print on canvas, 150 cm × 75 cm

Fotonachweise (Seite) | Photo Credits (Page)

10: Museum für Kunst und Gewerbe, Hamburg
13: National Archaeological Museum, Athens
19: 1. Musée du Louvre, Paris (akg-images / André Held)
2. Museo Horne, Firenze
3. Alte Pinakothek, München
4. Kunsthistorisches Museum, Wien
5. Museo Poldi Pezzoli, Milano
6. Docteur Ralph, Wikipedia